DAS CHRISMON-
WEIHNACHTSLESEBUCH

edition chrismon

ARND BRUMMER (Hg.)

DAS chrismon
WEIHNACHTS
LESEBUCH

edition ✦ chrismon

Inhalt

WARUM WEIHNACHTEN UNS NICHT KALTLÄSST

VOM WÜHLTISCH UND VON HERZEN

IMMER ANDERS, ALS MAN DENKT

Vorwort

Advent, Weihnachten – und wie war das bei euch? Auch in einer zunehmend säkularisierten Welt gibt es Zeiten, Tage und Feste, die in den Familien eine besondere Bedeutung haben. Ach, so macht ihr das! Der Austausch über Gepflogenheiten und Rituale, über Erhaltenes und neu Hinzukommendes gibt Einblick in gelebte Kultur. Für Christen ist das nicht überraschend. Die Feste mit Ritualen und Geschichten sind Orte der Weitergabe einer Botschaft von Glauben, Hoffen und Lieben.

Nichts anderes sind Traditionen. Aber Traditionen sind sterblich. Ihr Weiterleben bedarf der Verwandlung hinein in die Wirklichkeit der jeweils Lebenden. Dies geschieht nicht mit kulturrevolutionärer Gewalt. Jede Generation will die Chance haben, zu verstehen und zu fühlen, wenn es heißt: „In den Herzen wird's warm!" Dass das Gewesene aus Zeiten ohne Elektrizität, ohne Smartphones und Notebooks zuweilen exotische Wirkung auslöst, ist für die Älteren kein Anlass zu kulturellem Pessimismus. Im Gegenteil. Das Prädikat „komisch" und die Frage „Das war wirklich so?" sind Ausdruck einer „Neu"-Gier, die aus dem Alten den „Spirit" (den geistlichen Wert) in die Zukunft transportiert. Omas Plätzchen und Krippenfiguren sind Botschafter, die Gemeinschaft mit Jetzigem und Künftigem gut aushalten, ja sogar brauchen.

So sind die Geschichten zu sehen, die wir in diesem Büchlein präsentieren. Sie erzählen komisch und ernst, heiter und besinnlich von vielerlei Weihnachtserfahrungen. Auch von solchen, die auf den ersten Blick wenig Festliches an sich haben. Und wie wir aus vorausgehenden Ausgaben bzw. aus den Reaktionen ihrer Leserinnen und Leser wissen, lösen sie die oben beschriebene Kommunikation aus. „Jetzt habe ich es verstanden! Das probieren wir jetzt auch mal."

In diesem Sinne grüßt Sie für Verlag und Autoren
Arnd Brummer

ENGEL UND
ANDERES
PERSONAL

Wiglaf Droste

Das letzte Tabu

„Nichts darf man!", mault die kleine Gisela und zieht einen Flunsch – und das bloß, weil ich ihr gerade mild untersagt habe, mit dem Abendbrot etwas zu veranstalten, das sie begeistert „Oliven-Stampede im Käse-Corral" nennt und das im Falle der erfolgreichen Ausführung ihres Plans später die Wände herunterlaufen würde. „Quatsch!", gebe ich zurück. „Im Gegenteil: Alles ist erlaubt in der Blödwelt. Man darf sogar sein sonst eher chipsfrisches Gesicht ins Fußkäshafte verjüngen und, wie beispielsweise Klaus Bednarz, Eugen Drewermann und Jürgen Fliege, mit großem Lamento losbraten, heutzutage habe Weihnachten doch gar nichts mehr mit Jesus zu tun, das sei doch alles nur noch Konsum, schluchzbuhu, und dafür sei der Nazarener aber nicht gestorben, oder war es der Kerpener? Der Leimener? Und mit diesem gesangbuchbraven Allerweltsgenöckel schmeißen sich diese Schlafpillendreher in die Brust – als Ketzer, als Unbequeme, als Schwerverfolgte und Vollrohrbedrohte!"

„Ach so ist das", unterbricht die kleine Gisela meinen Vulkanausbruch. „Kann ich dann wenigstens ein Stück Schokolade?" – „Klar", sage ich, und dann singen wir erst mal unsere gemeinsamen Lieblingslieder, die etwas mehr taugen als „Lobet den Herren" oder der Flipper-Song. Unser erstes Lied geht so: „Wir haben Hunger, müssen Pipi, uns ist kalt / Wir wollen Eis zu dreißig, puuh, ist es noch weit…?", und bei der zweiten Weise harmonieren unsere Stimmen schon ganz passabel: „Vier kleine Keese, die gingen auf die Reise, / Vier kleine Keese, die reisten gar nicht weit / Dann trafen sie uns beide und wurden zur Nachspaheise / Doch das tut keinem der vier kleinen Keese leid…"

Singen ist schön; gedankenverloren schiebe ich ihr die runde Schachtel mit den köstlichen Droste-Pastillen aus Holland hin, die immer zur Hand sind für kleine Jungs und Mädchen in den Pfarrhäusern dieser Welt. „Aber vielleicht hast du doch recht", lenke ich ein, „Es gibt etwas, das man wirklich nicht darf. Das letzte Tabu sozusagen."

„Was denn?", fragt die kleine Gisela und schiebt sich drei weitere Schokoladenplättchen in die Schnute. Während sie die Schokolade lutscht und zutscht, sehe ich sie lange an und frage sie schließlich: „Willst du es wirklich wissen?"

„Hmmh", gibt sie nickend zurück; ich rücke näher. „Also gut. Ich erzähle es dir. Obwohl du dafür eigentlich noch ein bisschen zu klein bist." Wieder nickt sie. Und dann tue ich es und packe aus:

„Hier ist wahrhaftig alles gestattet, jeder Irrsinn, jeder Wahn. Aber eins darfst du tatsächlich nicht: Weihnachten allein verbringen. Heiligabend alleine sein. Oder nur alleine sein wollen. Da ist der Mitmensch vor. Dieselben Leute, die das ganze Jahr lang indigniert und angeekelt an dir vorbeigöngen, wenn du auf der Straße umfielest oder stürbest, wittern bei weihnachtssolitüden Einzelgängern schlagartig Gefahr: hochgradige Isolation, Einsamkeit, suizidale Tendenzen – alles, wovor sie sich fürchten. Hast du schon mal probiert, Heiligabend alleine essen zu gehen? Ich habe es einmal versucht, in Hamburg. Entweder war geschlossen, oder es war Geschlossene Gesellschaft. Irgendwann, nach Stunden, fand ich doch ein geöffnetes Lokal, ein thailändisches, die Buddhisten haben es ja auch nicht mit dem Jesuskind, da setzte ich mich still für mich an einen Tisch, ich hatte ein großartiges Bach dabei, „Rote Ernte" von Dashiell Hammett, ich hatte es schon den ganzen Tag gelesen, und wollte das nun weiter tun, nur eben zwischendurch etwas Gutes, Warmes essen und etwas trinken. Es ging nicht. Kaum dass ich saß und las, wurde ich vom Nebentisch angesprochen: Ob ich denn ganz allein sei…? Ob ich mich nicht dazusetzen wolle, am Heiligen Abend…? Das Schrecklichste war: Sie meinten es gut. Sie wollten mich, einen Fremden, an ihre Tafel bitten – aber weil es an diesem Abend war und sie es an keinem andern Abend getan hätten, weil es Weihnachtsterror war, Heiligabendbeschuss, unter dem sie lagen und den sie an mich weitergaben, sah ich nur Triefaugen, die mich anbrüderten, und fürchtete, dass die Brutalität der Landsleute in ihre noch unangenehmere Kehrseite umschlüge, ins Sentimentale. Und wenn sie da erst mal angekommen sind, dann flennen sie dir das Hemd nass vor lauter Rührung über sich selbst, also darüber, wie gut sie doch sind."

Über respektive unter meiner Suada war die kleine Gisela längst eingeschlafen. Seufzend trug ich sie ins Bett. Ohne es zu bemerken, hatte ich Heiligabend in Gesellschaft verbracht. Es hatte mir ganz ausgezeichnet gefallen.

Arnd Brummer

Fürchtet euch nicht!

Sie wird das Kind bekommen. Sie wird es bekommen. Die Ärztin Elisabeth Gabler warf die Lesebrille auf den Schreibtisch, zog den weißen Kittel aus, schnappte sich ihre Handtasche, schaute an der Tür noch einmal prüfend zurück, ob der PC auch runtergefahren war, und verließ ihr Büro. Die Praxis war längst dunkel. Dr. Gabler sah auf die Uhr. Halb zwölf. Konrad hatte die Kinder längst zu Bett gebracht. Wahrscheinlich saß er schlafend vor dem Fernseher. Viel Eheleben fand heute nicht mehr statt. Wenn sie jetzt nach Hause fahren und mit ihm reden wollte, das wusste Elisabeth Gabler, drohte Ärger mit ihrem Mann. Sie waren vielbeschäftigte Leute. Sie brauchten ihre Kraft für den nächsten Tag, würde Konrad sagen.

Konrad hatte einen anderen Rhythmus als Elisabeth. Er stand in der Regel spätestens um halb fünf auf, ging joggen und saß spätestens Viertel nach fünf geduscht mit einem Pott Kaffee vor seinem Notebook. Sie stand um halb sieben auf, weckte die Kinder. Zwanzig Minuten gemeinsames Frühstück. Konrad hinter dem Sportteil der Zeitung oder hinter dem Wirtschaftsteil. Maximilian musste genötigt werden, wenigstens ein halbes Brot zu essen. Und Sophie jammerte, weil das Kult-T-Shirt von den Wise Guys wieder in der Wäsche war. Halb acht sprang Konrad auf, küsste sie flüchtig – „Schönen Tag, meine Maus" – und marschierte zur Bahn, meistens die Kinder im Schlepptau, deren Schule auf seiner Strecke lag.

Elisabeth gönnte sich dann noch einen Kaffee, las ein wenig im Feuilleton oder im Lokalteil und fuhr kurz vor acht in die Praxis. Labor und Sprechstunde bis eins. Dann nach Hause. Mittagessen kochen. Mit den Kindern essen, Wäsche, Post durchsehen, Überweisungen schreiben und auf dem Weg in die Nachmittagssprechstunde schnell durch den Supermarkt hüpfen.

Sie wird das Kind bekommen, die Kleine. Ganz sicher war sie sich da. Sie hatte das schmale Gesicht mit den Mandelaugen und dem energischen Kinn genau vor Augen, als sie in der Tiefgarage ins Auto stieg. Eigentlich hatte Elisabeth das Bedürfnis, jemandem die ganze Geschichte zu erzählen. Und zwar jetzt. Aber der arme Konrad hatte dazu mit Sicherheit nicht die geringste Lust. Anstandshalber würde er ihr ein paar Minuten zuhören. Dann würde er gähnen oder fragen: „Und wo ist das Problem?" Oder er würde sagen: „Hirngespinste, Blödsinn, alles Hirngespinste. Maus, du arbeitest zu viel." Und dann würden sie wieder Krach kriegen oder zumindest in mieser Stimmung schlafen gehen.

Konrad seinerseits erzählte selten vom Job. Die Frage, wie sein Tag gewesen sei, pflegte er mit „Geht so" zu beantworten, oder er seufzte: „Ach Maus, willst du das wirklich wissen? Nicht wirklich, oder?" Und er hatte ja recht. Konrads Geschichten handelten nur von ihm selbst. Entweder war er der Held einer genialen Aktion, in der zum Beispiel der bösen Konkurrenz ein entscheidender Auftrag weggeschnappt wurde. Oder er war das Opfer von Unfähigkeit, Dummheit oder fehlender Disziplin seiner Kollegen, die ihm wieder einmal einen Erfolg vermasselt hatten. Männer wie Konrad waren die Nachfahren der Ritter von der Tafelrunde. Umgeben von Drachen, bösen Zauberern und stümperhaften Gefährten, bestanden sie Abenteuer. Nur leider in einer Welt ohne Ross und Lanze. Notebook und Handy sind ein schlechter Ersatz. Kein kräftezehrender Schwertgang, der einen physisch forderte. Keine blutigen Wunden, die man sah und versorgen konnte. Nur Schrammen im Gemüt. Und Stresshormone, die man wegjoggte.

Konrad redete nicht. Und zuhören wollte er eigentlich auch nicht. Dass jeder sein Ding macht, war seine Maxime geworden. Aber Elisabeth wollte über die kleine Ines reden, über den Traum und das Kind in ihrem Leib.

Es nieselte in dieser Nacht wie in tausend anderen deutschen Novembernächten. In der Schillerstraße tauchte zwischen den Scheibenwischern das leuchtende Schild des Irish Pub auf. Elisabeth bremste, entdeckte eine freie Parklücke und stellte das Auto ab. Dann rief sie zu Hause an. Konrad war es offensichtlich nicht unrecht, als sie ihm kurz erzählte, eine alte Bekannte aus der

Uniklinik habe sie heute Abend angerufen, mit der sie sich spontan auf einen Absacker verabredet habe. „Mach' nicht so lange, Maus, morgen früh ist die Nacht rum", sagte er freundlich. Und tschüss.

Elisabeth öffnete die Tür des Lokals. Alle Tische im Pub waren besetzt. Drei junge Typen spielten Poolbillard. Am Tresen war noch ein Hocker frei. Elisabeth bestellte ein Guinness. Wie zum Teufel war sie auf die Idee gekommen, hier jemanden zu finden, dem sie von Ines und ihrer Schwangerschaft erzählen konnte? Warum hatte sie nicht Marietta angerufen, ihre Studienfreundin? Die war Gynäkologin wie sie, hatte eine Praxis in Wuppertal. Marietta. Nee, war schon richtig, die nicht anzuklingeln. „Was ist los", hätte sie gefragt, „macht Konrad Stress?" Und wenn sie ihr die Geschichte erzählt hätte, wäre Marietta genervt gewesen. „Du machst dir einfach zu viele Gedanken. Das ist tödlich in unserem Job." Für Marietta waren Patientinnen Fälle. Würde sie aber jederzeit energisch bestreiten. „Nein, das nicht. Es geht um ein Minimum an professioneller Distanz."

Elisabeth mochte kein Guinness. Aber nun musste es runter. Der Mann hinterm Tresen hatte sie wohl schon eine Weile beobachtet. Jetzt grinste er sie an und meinte: „Lassen Sie es stehen, wenn Sie es nicht mögen. Geht aufs Haus. Wie wär's mit einer Weißweinschorle?" Elisabeth nickte. Der Typ erinnerte sie an jemanden, an irgendeinen Theatermenschen, den sie vor ein paar Tagen im Fernsehen gesehen hatte. Jürgen Flimm oder so ähnlich.

War schwer zu schätzen, aber wahrscheinlich schon an die sechzig. Kahle Stirn, Nickelbrille und fusselige Nackenbehaarung. Mit Schwung stellte er das Weinglas vor ihr ab und goss das Guinness in die Spüle. „Schwerer Tag?"

„Sieht man mir das an?" – „Ein bisschen, wenn ich ehrlich bin, obwohl das bei gut aussehenden Frauen schwer zu sagen ist. Aber selbst Leid und Anstrengung können ein schönes Gesicht nicht entstellen, nur noch interessanter machen." Der Typ zog heftig die Register. Auf Billigflirt hatte sie nun wirklich keinen Bock.

Sie wird das Kind bekommen. „Wollen Sie wirklich wissen, wie mein Tag war? Nicht wirklich, oder?" – „Doch, doch. Sie haben eine gute Geschichte. Ich merke sofort, wenn jemand eine gute Geschichte zu erzählen hat. Sie sind Ärztin?" Woher wusste er das? Hatte sie versehentlich? Nein, sie hatte den Kittel ausgezogen, bevor sie die Praxis verließ. Er: „Sie können nur Ärztin sein. Ich bin Arzt. Eigentlich. Als ich diese Kneipe übernommen habe, vor fast dreißig Jahren, habe ich mich für diese andere Art Medizin entschieden. Getränke in verträglichen Dosen, therapeutische Beratung inklusive. Also reden Sie! Von Kollegin zu Kollege. Alles bleibt unter uns. Ehrensache. Ich bin übrigens der Bobby. Man nennt mich hier auch den Herbergsvater."

Der seltsame Halbernst dieses Kerls behagte ihr. „Dann können Sie mir doch sicher auch auf den Kopf zu sagen, was mein Fach ist, Bobby?" – „Nicht ganz einfach.

Radiologin sind sie nicht. Praktische? Nein, passt nicht zu Ihnen. Sie schauen richtig rein in menschliche Öffnungen. HNO? Zu kopflastig. Frauenärztin? Ja, Frauenärztin!" Elisabeth nickte anerkennend. „Und jetzt die Geschichte. Oder soll ich sie Ihnen erzählen und sie korrigieren, wenn etwas falsch läuft?" Nicht schlecht. „Okay, Bobby. Die Regeln: Nach fünf Fehlern brechen wir ab." – „Und wenn ich zum richtigen Ende finde? Dann darf ich mir etwas wünschen!" Also doch nur Anmache. „Nein! Nicht, was Sie befürchten. Ich bin Gentleman, auch wenn es schwerfällt, mir das zu glauben. Ich verspreche: Ich werde mir etwas wünschen, was Sie gerne geben, ohne es später zu bereuen."

Elisabeth setzte das Glas ab, schloss für einen Moment die Augen und Bobby begann: „Vor zwei Wochen kam eine junge Frau in Ihre Praxis, gerade mal achtzehn Jahre alt. Schwanger. Von wem, wollte sie nicht sagen. Sie haben sie untersucht. Im Gespräch offenbarte sie Ihnen, was sie schon angenommen hatten. Sie wollte abbrechen. Sie sagte: Ich möchte das Kind nicht. Nichts Sensationelles, zudem nicht in diesem Alter. Stimmt's?" Elisabeth fragte: „Woher wissen Sie das? Ist sie Ihre Tochter?" – „Nein. Sie ist nicht meine Tochter. Also stimmt. Sie haben ihr die Adresse der Schwangerschaftsberatung gegeben. Das ist klar. Heute kam sie wieder. Sie vermuteten, um den Abbruchtermin zu vereinbaren." – „Raus mit der Sprache, Bobby. Was ist das für ein Spiel? Sie kennen die Kleine!" Noch immer gab Elisabeth die Identität von Ines nicht preis. „Mag sein. Lassen Sie mich zu Ende erzählen. Dann wissen Sie es." Elisabeth war wütend, vor allem auf sich selbst. Am liebsten wäre sie aufgestanden und gegangen. Andererseits aber… Die Geschichte an sich war so seltsam, dass sie die neue Wendung auch nicht mehr überraschen dürfte. Und irgendwie wirkte dieser Bobby mit seiner rauen dunklen Stimme nicht wie einer, der Leute zum Spaß verarscht. Mürrisch forderte sie ihn auf: „Dann machen Sie schon. Vorwärts." Bobby lehnte sich über den Tresen, ganz nah an Elisabeths Ohr. Das Pärchen auf den Hockern links von ihr war mit sich selbst beschäftigt und kriegte davon nichts mit. Und der Platz rechts war seit ein paar Minuten frei. Bobby, der gar nicht nach Kneipe roch, sondern nach Anis, wie sie verblüfft feststellte, senkte die Stimme und redete fast im Flüsterton: „Ines – die Kleine, wie sie sagen – wollte aber gar nicht mehr abtreiben und…" – „… teilte mir mit, dass sie mir dankbar sei", fiel ihm Elisabeth ins Wort. „Sie erzählte mir eine wirre Geschichte. Sie sei vor drei Tagen mit dem Beratungsschein in der Tasche nach Hause gekommen. Dann habe sie mit ihren Eltern zu Abend gegessen und sei früh zu Bett gegangen. In der Nacht, so schilderte sie es, sei ich ihr erschienen. Sie sagte nicht, sie habe von mir geträumt. Sie sagte: Sie sind mir erschienen, Dr. Gabler. Und Sie haben mir gesagt, ich solle keine Angst haben. Ich, sagte Ines, hätte ihr mitgeteilt: Du wirst eine Tochter gebären und der Geist wird mit ihr sein." Bobby, immer noch über den

Tresen gelehnt, sah Elisabeth lange an. „Und wenn ich Ihnen nun sage, dass Sie, Dr. Gabler, auch mir erschienen sind? Mir, der ich allem Übersinnlichen so fern bin wie ein Bagger dem Segelfliegen? Träumte ich? Nein, ich träumte nicht. Sie standen vor meinem Bett und meine Freundin lag neben mir. Sie wachte auf, konnte Sie nicht sehen, wohl aber, dass ich nicht schlief. Und ich wiederum sah neben mir meine Freundin. Und ich wusste, dass nur ich diese Erscheinung hatte. Mir sagten Sie, Dr. Gabler, oder wer sich auch immer Ihrer Person bediente: Josef, hab keine Angst. Ines wird zu dir kommen. Sie ist schwanger. Und du wirst dem Kind ein Vater sein. Ich verstand nichts. Und ich verstand alles."

Wie lange sie Bobby angestarrt hatte, vermochte Elisabeth später nicht mehr zu sagen. Es muss lange gewesen sein. Bobby schwieg. Irgendwann begann er zu sprechen: „Und gestern Abend saß Ines auf diesem Platz. Ich habe sie zum ersten Mal in meinem Leben gesehen. Aber ich wusste: Sie ist es. Sie sagte nur: der Engel. Sie gab mir Ihre Adresse. Und ich sagte: Ich werde für dich und das Kind da sein. Das war's. Für einen kritischen Menschen eigentlich der Punkt zu überlegen, ob es nicht zu viel mit dem Alkohol sei. Seltsamerweise empfand ich in diesem Augenblick ebenso wenig Angst wie bei der nächtlichen Erscheinung. Noch weniger verspüre ich Zweifel oder ein Interesse, der Sache auf den Grund zu kommen. Und seit Sie vor einer Stunde diesen Raum betraten, bin ich absolut davon überzeugt, dass ich keine Wahl habe – so wenig wie Ines. Und alles ist gut so."

Elisabeth empfand, dass sie diesem Bobby glaubte. Bobby, diesem fremden Menschen. Bobby, der zu einer eigentlich absurden Geschichte eine noch seltsamere Wendung gefügt hatte. Es durchfloss sie eine Milde und Wärme, wie sie sie nicht kannte. Sie ging von Bobby aus, wie sie vor ein paar Stunden aus Ines auf sie gestrahlt hatte. Nur: Warum hatte sich der oder das Unausssprechliche ihrer Gestalt bedient, hatte sie nachts Menschen erscheinen lassen? Hätte es oder er nicht einen anderen Weg wählen können? „Hätte wohl", lächelte Bobby, „hat aber nicht. Muss auch nicht. Wir sind nur Menschen. Wir verstehen es nicht oder wir verstehen es ganz. Und das ist in diesem Fall ungefähr dasselbe. Und jetzt müssen Sie nach Hause und schlafen gehen. Haben Sie keine Angst!"

Wie sie nach Hause gekommen war, wusste Elisabeth Gabler am nächsten Morgen nicht. Dass Konrad sehr zärtlich war in dieser Nacht und dass ihr das gefallen hatte, das spürte sie nicht nur an diesem Morgen, sondern noch sehr lange. Die Geschichte würde sie für sich behalten, sie hatte es Bobby versprochen. Das war es, was er sich von ihr gewünscht hatte. Sie war sich mit ihm einig: Jemand, der es nicht erlebt hatte, nicht beteiligt gewesen war, würde das Geschehene nicht glauben, würde es psychologisch oder naturwissenschaftlich zu zerlegen versuchen. Das galt auch für Konrad, den rationalen Zahlenmenschen.

Elisabeth streichelte Sophie und Maximilian, als die drei wie gewöhnlich zur Bahn aufbrachen. Konrad gab ihr den üblichen Kuss, nur zarter als sonst. Und dann hauchte er ihr ins Ohr: „Ich wünsche dir einen wunderschönen Tag, mein Erzengel."

Jochen Malmsheimer

Weihnachten, bei Malmsheimers, damals…

Als Kind konnte ich das erste sichere Anzeichen der herannahenden Weihnachtszeit stets daran erkennen, dass meine Mutter, bis an die Brustwarzen im Plätzchenteig stehend, ihre Umwelt aus nunmehr mehlverschwiemelten Augen nur noch bruchstückhaft wahrnahm, was mir als Adoleszenten kurzzeitig größere Freiräume bescherte. Das geschah meist schon gegen Ende September. Spätestens dann nämlich trafen die ultimativ formulierten letzten Bestellungen der europaweit verstreut lebenden Verwandtschaft hinsichtlich Mutters einzigartigen Weihnachtsgebäckes bei uns ein, den sogenannten Nonnenpfürzchen. Ja, die heißen wirklich so.

Es handelte sich dabei um ein etwa fünfmarkstückgroßes Mürbeteiggebäck in Münzenform, welches auf der Oberseite eine dünne Schicht eines Eischnee-Zucker-Gemisches aufwies. Es sah tatsächlich ein wenig so aus wie durch die Kutte gepupt.

Meine Mutter erhält also alljährlich den Auftrag, eine irrsinnige Menge dieses sagenumwobenen Gebäckes herzustellen, eine Forderung, welche sie bereits im ausgehenden Spätherbst an den Ofen zwingt, soll sich das noch in weiter Ferne befindliche Fest für die in der Diaspora lebende Familie nicht auf seinem Höhepunkt durch die Absenz jenes curialen Gebäckes zur Katastrophe wenden.

War dann endlich der heiß ersehnte 24. Dezember herangekommen und die Säcke der Süßschneeoblaten von UPS, dem United-Plätzchen-Service, einer Tochter des berüchtigten Beförderungsdienstes, krümelarm abtransportiert, erging, so gegen 16 Uhr, seitens meiner Mutter die an meinen Vater gerichtete, in biblischer Diktion gehaltene, traditionelle Aufforderung: „Geh' hin, Mann, und hole einen Baum!" Und mein armer, leiderprobter Vater stieg hinab ins Gelass, ergriff mit nerviger Rechten seine schartige Axt und ging hin, zu tun, als sein Weib ihn hieß.

Nun sind meine Eltern etwa seit Erfindung der Ehe miteinander verheiratet, aber in gewissen Belangen will sich echte Lebensklugheit nicht recht einstellen, ja, beide zeichnen sich bisweilen durch eine Erfahrungsresistenz aus, die direkt imprägniert wirkt. Seit alters her sind sie zum Beispiel in dem bedauerlichen und auch durch die Wirklichkeit nicht korrigierbaren Irrtum befangen, die schönsten und prächtigsten Weihnachtsbäume seien just am 24. Dezember, eben gegen 16 Uhr, und dann auch noch besonders günstig, zu haben.

So rüstet denn meine Mutter meinen bedauernswerten Vater mit einer sehr übersichtlichen Menge landesüblicher Valuta aus, auf dass er einen Baum erwerbe, der „in unser Wohnzimmer passe". So also lautet die klare Vorgabe meiner Mutter hinsichtlich Gestalt und Wuchs des zu besorgenden christlichen Zentralmöbels. Doch beständig muss mein armer Vater feststellen, dass es sich mit dem Weihnachtsbaumverkauf ähnlich verhält wie mit der heimischen Plätzchenproduktion, beides läuft bereits seit Ende September und so kehrte er denn oftmals, nach Überantwortung einer obszön anmutenden Geldsumme an einen jener marodierenden sauerländischen Tannenkosaken, die unsere Tankstellen besetzt halten, mit einer pygmäisch verwachsenen Knorpelkiefer nicht zu klärender Herkunft wieder, an deren dreieinhalb rachitischen Ästen sich exakt 41 Nadeln in bedauernswerter Konstitution befanden, die nicht den Eindruck machten, als würden sie dort noch lange verbleiben.

Dieser dendrale Entwurf erreichte mit einigem Wohlwollen seitens des Messenden eine lichte Höhe von annähernd 80 cm. Meine Mutter hatte ja einen Baum verlangt, der, wie sich die geneigte Leserschaft erinnern möchte, „in unser Wohnzimmer passt!" Nun muss spätestens an dieser Stelle angeführt werden, dass wir ein außerordentlich großzügig bemessenes Wohnzimmer unser Eigen nennen, es umfasst annähernd 90 Quadratmeter und misst in der Scheitelhöhe gute sechs Meter, da passt eine Menge rein. Der von meinem Vater aquirierte Baum „passte" natürlich auch in das Wohnzimmer, wie übrigens auch einige Hundert seiner Artgenossen mehr ebenfalls gepasst hätten.

Dessen ungeachtet baute sich mein Vater mit diesem Gewürzsträußchen in der Hand vor meiner Mutter auf und sprach: „Schau, Weib, was ich ergatterte!" Meine Mutter, konfrontiert mit diesem floralen Abfallprodukt, entließ ein stimmlos-gepresstes „Hhhchchchc" und entschwand, eine leichte Mehlstaubcorona im Gegenlicht entwickelnd, in der Küche, während Raum und Zeit trocken hinter ihr zusammenschlugen. Doch meinen Vater focht solches nicht an, seine Seele wirkt gummiert und Hohn und Spott laufen gleichermaßen ab und so machte er sich denn an die Installation des herausragenden Stückes.

Nun wird mein Vater, was die Durchführung der sogenannten Bescherung betrifft, von zwei Kardinalsorgen durchzittert. Die erste manifestiert sich in der Sorge, der eigens zum Zwecke der Illumination spätchristlich tradierter Geschenkeüberantwortung errichtete Baum könne, während derselben, der Länge nach ins Wohnzimmer schlagen! Oder, im vorliegenden Fall, sinken. Um diesem Quadratübel prophylaktisch zu begegnen, hat es sich mein Vater angelegen sein lassen, für die rechte Befestigung des Baumes im Raum Sorge zu tragen. Zu diesem Behufe steigt er erneut ins Gelass und ergreift die dort nur für diesen Zweck sorgfältig aufbewahrte Rolle mittelstarken Blumendrahtes, welche hier seit der letzten Bescherung ihrer Bestimmung harrt. Dann wird der

Baum vermittels jenen Drahtes im Wohnzimmer sorg-
sam verspannt.

Nun leuchtet sicher jedem ein, dass, wenn man einen
gerade 80 cm „hohen" Baum im Wohnzimmer sachge-
recht verspannen will, die Haltedrähte dann in Kniehöhe
durchs Zimmer laufen müssen. Tatsache ist jedenfalls,
dass der Baum bei uns NIE jemals auch nur wankte,
geschweige denn sank oder gar fiel. Die Bescherung ge-
mahnte jedoch bisweilen eindringlich an den Geländeteil
einer Bundeswehrübung, da wir unter dem Drahtverhau
zu den Erträgen robben mussten.

Die zweite Kardinalsorge meines leidgestählten
Vaters ist die der weihnachtlichen Feuersbrunst wahr-
haft kanadischen Ausmaßes. Ergo hat er sich es in der
Vorbereitung der schönen Bescherung angelegen sein
lassen, im Wohnzimmer, an sogenannten strategischen
Punkten, wohlgefüllte Wassereimer aufzustellen, um
sich hernach, im Bedarfsfalle, zu tradierter Brand-
bekämpfung mental wie materiell gerüstet zu sehen.
Doch nicht nur im Wohnzimmer harrten Wassereimer
ihrer deflammablen Bestimmung, nein, auch am
Treppenabsatz, am Fuß der Treppe, in der Diele, direkt
hinter der Eingangstür, am Weg zur Haustür, an der
Garageneinfahrt, an der Kurve der Zufahrtsstraße sowie
an der Autobahnausfahrt Witten-Herbede, sodass zufällig vorbeikommende Verkehrsteilnehmer kraftvoll
ins Löschgeschehen eingreifen könnten, so denn die
Lohe bis dorthin schlüge.

Ich gebe hiermit an Eides statt zu Protokoll, dass bei uns noch nicht einmal das kleinste Zweiglein je unbeabsichtigt Feuer gefangen hätte, wiewohl wir, was aus dem Vorhergegangenen ersichtlich geworden sein dürfte, tatsächlich noch echte Kerzen verwenden. Das sind jene, welche am oberen Ende mit offener Flamme brennen, manch einer wird das noch aus Erzählungen kennen. Es ist aber leider genauso wahr, dass wir beim Robben natürlich die Eimer umwerfen. Bei uns hat noch nie irgendetwas gebrannt, was nicht hätte brennen sollen, aber wir sind immer am zweiten Feiertag erkältet, weil wir den Heiligabend unter einen Drahtverhau gebückt in knöchelhohem Wasser zubringen. Immerhin fällt so der Verwandtenbesuch flach. So hat also alles auch sein Gutes. Und den Menschen ein Wohlgefallen.

Arnd Brummer

Ein Streicher
und seine Auftritte

Ich bin Backpinsel. Mit Leib und Seele. Seit drei Jahren liege ich bei Grützkes in der Küchenschublade. Mit dem ganzen anderen Gesocks. Stellen Sie sich bitte unter Grützkes Küchenschublade nichts Geordnetes vor. In diesem dunklen, engen Gelass sind wir ein wilder Haufen von sechzig, siebzig Gerätschaften, nicht durch Stege getrennt, sondern einfach hineingeworfen. Manche von uns kommen fast täglich zum Einsatz, der Büchsenöffner zum Beispiel, der Flaschenöffner oder die kleinen Messer. Andere sind im Schnitt einmal die Woche dran wie die Vorlegegabel, der Pfannenwender, die Spaghettizange oder das Filiermesser.

Wir von der Backtruppe haben nur wenige Auftritte. Aber so richtig Ruhe ist uns auch außerhalb der Hauptsaison nicht vergönnt. Wenn die gute Barbara – Frau Grützke – die Lade schwungvoll zieht und wieder reinknallen lässt, werden wir mit durcheinandergeschüttelt. Man prallt gegen das Teesieb und den Kartoffelschäler. Dann wird man von einer suchenden Hand beiseitegeschoben oder kurz rausgeholt und mit den anderen Exoten auf die Arbeitsplatte geworfen. „Wo ist bloß das verdammte Bratenthermometer?" Und dann wirft man uns wieder zurück.

Früher, als Barbara noch nicht so auf ihre Linie achten musste, waren die Einsätze für mich häufiger. Da gab es zur Rhabarberzeit mal ein Kuchenblech zu bestreichen. Oder man tauchte in verquirltes Eiweiß für einen Strudel. Aber das ist Vergangenheit. Grützkes verwenden jetzt Backpapier, weil man da das Fett spart. Und statt eine Glasur aufzupinseln, bevorzugen Barbara und ihre Familie heute trockene Naturkruste. Barbarisch.

Die Zwillinge, so nennen wir die Quirlstangen, haben diese Veränderungen nicht mit einem Verlust an Einsatzzeiten zu bezahlen. Zwar dürfen sie nur noch selten Sahne schlagen. Dafür rühren sie Pesto oder verquirlen pürierte Tomaten mit anderen Zutaten für Nudelsaucen.

Ich bedaure diese Entwicklung sehr, weil ich kaum noch ans Tageslicht komme und auch das warme Bad in der Spüle ein ziemlich seltener Genuss geworden ist. Stattdessen steckt man mich, wenn ich mal arbeiten durfte, anschließend in diesen finsteren Whirlpool, die Spülmaschine. Da stecke ich dann zwischen zackigen Gabeln, scharfen Messern und rundlichen Löffeln im Besteckfach und ruiniere Mal für Mal unwiederbringlich meine Frisur. Allein der Haarausfall, den diese Folter produziert, ist gewaltig. Und ein Pinsel ohne Haare ist so gut wie tot. Wenn ich also antreten muss, sorgt das bei mir für echt gemischte Gefühle. Einerseits freue ich mich darauf, meine unvergleichliche Kunst mal wieder demonstrieren zu können. Andererseits kann jede Vorstellung die letzte sein. Ich merke das, wenn ich nach dem Waschen aus der Maschine gezogen, kritisch beäugt und zur Probe über die Handfläche gestrichen werde. Bisher immerhin ist es noch jedes Mal gutgegangen.

Ich bin ja auch immer noch ein fescher Kerl, die Lücken in meiner Behaarung fallen noch nicht auf. Das haben mir erst kürzlich mein alter Freund Spritzbeutel und seine Partnerin, die Spritzdüse bestätigt. Es liegt an meiner Herkunft. Ich bin ein Schweizer Qualitätspinsel. Ich hing nicht eingeschweißt ein Vierteljahr in einem Supermarktregal. Aristokratische Pinsel wie mich holt man sich aus noblen Haushaltswarengeschäften. Dort lag ich vor meiner Übernahme durch die Grützkes ausgestellt im Schaufenster. Ich spiegelte meine blonde Haarpracht im Chrom einer original italienischen Käsereibe. Neben mir lagen ein englisches Teesieb aus hochwertiger Baumwolle, ein japanischer Teelöffel, eine österreichische Strudelform und ein französisches Obstmesser. Wir waren eine internationale Topcrew auf höchstem Niveau, begnadete Solisten. Ein Ensemble besonderer Klasse, vergleichbar mit den Berliner Philharmonikern oder der Elf von Real Madrid. Wir wurden gehegt, gehätschelt und von erfahrenen Fachverkäufern ebenso stolz wie kenntnisreich präsentiert.

Als ich zu den Grützkes wechselte, hielt ich das nicht für einen Abstieg. Wir Streicher kennen unseren Wert. Ich ging fest davon aus, dass man einen wie mich nicht verpflichtet, um in einer Schublade zu vergammeln. Ich habe mich schrecklich getäuscht. Die Küchenmoden, der Diätwahn und nicht zuletzt der um sich greifende Gebrauch vorgefertigter Nahrungsmittel aus Tiefkühltruhe und Mikrowelle sind dabei, jene Kultur zu vernichten, in der ich mein Zuhause habe: die Haute Cuisine.

Nur wenigen von uns ist es beschieden, wirklich Karriere zu machen, ein vielleicht kurzes, aber leidenschaftliches Dasein in der Küche eines Gourmettempels zu genießen. Wie wäre mein Leben verlaufen, wenn mich dieser Koch aus Burgund erworben hätte, der mich als letzter Interessent vor den Grützkes in der Hand hatte? Er wollte damals ein Restaurant in der Stadt eröffnen und machte einen Großeinkauf in unserem Laden. Als er mich schon in seinen Korb packen wollte, meinte seine blöde Begleiterin: „Du hast doch schon sechs solcher Pinsel, Chéri!" Er legte mich zurück auf den Verkaufstresen. Solche Schicksalsschläge entscheiden über einen Lebensweg.

Doch ich will mich nicht undankbar zeigen. Gerade jetzt, im Spätherbst, besteht kein Grund zur Weinerlichkeit. Weihnachten naht – Hochsaison für unsere Truppe. Die Ausstecher klirren schon seit Martini ungeduldig in ihrem Plastikbeutel. Der Spritzbeutel und seine Düse fiebern von Tag zu Tag mehr. Und ich weiß: Jetzt kommt sie, die schöne Zeit.

Ich höre die Grützkes schon über die Rezepte reden. Buttergebäck? Jaaa, sehr gut. Linzer Torte – great! Husarenkrapfen, auch nicht schlecht. Vanillekipferln – okay. Da kommt Neid auf. Selbst bei der Schöpfkelle, die sich wahrlich nicht beschweren muss: Beim Gänseessen durfte sie zunächst im Halbstundenrhythmus den Bratensaft über den Rücken gießen und dann kam sie zur Suppe sogar auf den Esstisch – das Höchste für eine Kelle.

In der Weihnachtsbäckerei sehe ich oft tagelang mein Bett in der Schublade nicht. Da werde ich zwischen den Auftritten von Hand ausgespült. Wie früher. Erst nach Mitternacht muss ich, wenn überhaupt, wieder zurück in mein muffiges Lager. Oft bleibe ich auch auf dem Abtropfblech neben der Spüle liegen und trockne langsam bis zum nächsten Morgen. Ich liebe diese Campingnächte im Freien. Manchmal sieht man sogar, wenn man gut liegt, die Sterne oder den Mond durchs Küchenfenster blitzen. Und man ist in guter Gesellschaft. Nicht Krethi und Plethi – nur wir, das Weihnachtsteam.

Von diesen Erlebnissen zehre ich Monate. Und ich kann – ich weiß, das ist nicht sehr nett – leider nicht davon lassen, nach Rückkehr in die Lade zum Beispiel dem Spargelschäler stundenlang davon zu erzählen. Ja, ich weide mich an seiner Eifersucht. Asche auf mein Haupt! Der arme Kerl muss noch bis Ende April, Anfang Mai warten, bis er wieder schälen darf. So richtig Weihnachten wird es, wenn an den Feiertagen zu später

Stunde der Korkenzieher zurückkommt. Er riecht dann nicht wie sonst nach billigem Landwein, sondern nach einem guten Riesling. Oder es umweht ihn gar ein Hauch von Bordeaux. O du fröhliche, o du selige, arbeitsreiche Weihnachtszeit!

Arnd Brummer

You'll never walk alone

Ich stehe jetzt in der dritten Generation im Orchester-dienst. Und ich darf sagen, rein materiell waren wir noch nie so gut aufgestellt wie gegenwärtig. Wir sind fast fünf-zig Leute. Und jedes Jahr kommen neue hinzu. Propere, strahlende Kerlchen mit ungebrochenem Ehrgeiz sind das, aus dem gleichen Holz geschnitzt wie ich. Erzge-birgler eben. Und Engel, wie die Flügelchen, die man uns auf den Rücken geleimt hat, auch dem kleinsten Kind sofort zeigen.

Ich spiele Tuba, na ja, soweit man als Einarmiger eben Tuba spielen kann. Aber das ist nicht wesentlich. Unser Orchestersound ist nicht von dieser Welt. Und wenn wir musizieren, dann entstehen die Stücke in den Seelen der Leute, die uns dabei zusehen. Das war so, das ist so und das wird so bleiben, solange es Engelsorchester gibt.

In meinem Orchester bin ich mit Abstand der Dienstälteste. Ich habe vor gut siebzig Jahren im Haus-halt der Großmutter der heutigen Besitzerin angefangen. Ich war nicht der erste Musiker, der bei den alten Grün-bergs ins Haus kam. Als ich ausgepackt und zu den an-deren gestellt wurde, begrüßte mich das halbe Dutzend, das schon auf der Anrichte neben dem Adventskranz aufgestellt war, jedenfalls mit lautem Hallo. Drei Geiger, ein Cellist, Triangel und Trommel. Versuchen Sie sich mal vorzustellen, wie das geklungen haben muss! Bläser gab's noch nicht. Erst mit meinem Eintreffen, jubilierte der Cellist, hätte man tatsächlich von einem Orchester sprechen können. Zwar haben wir alle (fast) gleiche Gesichter. Anders als bei Menschen sagen die jedoch nichts über den jeweiligen Charakter. Darüber entscheidet das Instrument, das wir spielen.

Wir Bläser, vor allem die Abteilung Blech, sind die Lieblinge der kleinen Jungs. Wenn die uns in die Hand nehmen – und Jungs nehmen alles in die Hand, sonst sehen sie nicht gut –, dann hört man als Engel genau, wie in den kleinen Köpfen die Sause losdröhnt. Es trompetet wie eine ganze Elefantenherde. Die Menschen merken das nicht. Wir schon. Die Saitenzupfer sind da ganz neidisch. Die lachen erst wieder, wenn die Mädchen das Orchester entdeckt haben. Die kleine Tochter von den Grünbergs war immer ganz verrückt nach unserem Harfenspieler. Aber das ist Vergangenheit. Ich habe viel mitgemacht und bin der einzige Überlebende des alten Grünberg-Ensembles.

In den dreißiger Jahren des vergangenen Jahrhunderts hatten wir zunächst einen guten Stand im altdeutschen Wohnzimmer. Immer rechts neben dem Adventskranz. Auf der linken Seite wurde die Kerzenpyramide aufgestellt. Alles hatte seine genaue Ausrichtung. Die

Grünbergs waren sehr ordentlich. Wenn uns die Kleinen mal in die Hand nahmen, mussten sie uns wieder exakt auf den richtigen Platz zurückstellen. Gottfried Grünberg, selbst ein sehr musikalischer Mensch, nutzte diese Gelegenheit grundsätzlich zu einer Lehrstunde für seine Kinder und beschrieb, wie ein klassisches Sinfonieorchester sich gruppierte.

Orchesterengel waren schon damals beliebte Mitbringsel für Adventseinladungen. Man wusste in diesen Kreisen zum Beispiel genau, dass die Grünbergs getreu ihrem Familiennamen „Grüngeflügelte" sammelten. Gottfried war hocherfreut, wenn der Neuankömmling passte. „Oh, ein Klarinettist! Da sind wir tatsächlich schwach auf der Brust!" Wenn die Gäste gegangen waren, kam es aber auch vor, dass er stöhnte: „Schon wieder ein Pauker! Wir haben jetzt fünf, obwohl zwei völlig ausreichen. Die schlagen den Streichern doch alles kaputt." Inge, seine Frau, fand das etwas übertrieben. Und die Kinder sowieso. Jedes Jahr versuchte Grünberg, die überzähligen Instrumentalisten in der Adventskiste zurückzuhalten. Dann meuterte der Nachwuchs, nörgelte, jammerte und weinte, bis Vater klein beigab. Er tat es immer. „Euch zuliebe, obwohl es eine rechte Kakophonie ergäbe, wenn die Engel tatsächlich musizieren würden." Gottfried war musikalisch, menschlich musikalisch – von Engelsmusik indes hatte er nicht die geringste Ahnung. Engelsorchester klingen immer sphärisch und schön, solange nur genügend Blechbläser dabei sind.

Im Krieg wurden die Grünbergs ausgebombt. Sie verloren fast ihre gesamte Habe. „Das Orchester habe ich gerettet", verkündete Inge triumphierend, als sie uns Weihnachten 1945 auf der Flucht aus dem Koffer holte. Wir zählten durch. Nicht alle hatten überlebt. Aber zwei Dutzend Engel traten in der Notunterkunft in Bochum an, um den Grünbergs wenigstens einen Abglanz ihres alten Weihnachtszimmers zu schenken.

Schrammen hatten wir reichlich abbekommen. Der Dirigent – für ihn kein Problem – musste ohne Taktstock agieren. Mein rechter Arm wackelte, wurde aber geklebt. Mein Kollege mit der Triangel hatte den Kopf verloren. Da wir, wie schon gesagt, sphärisch musizieren, waren die Verluste halb so wild. Das sahen auch die drei Grünberg-Kinder nicht anders.

Max, der Älteste, mochte inzwischen dreizehn Jahre alt sein. Ein fröhlicher Kerl. Er brachte eines Abends seine Kumpane aus der Straße mit ins Zimmer, um ihnen unser Orchester vorzuführen. Die anderen Jungs bekamen große Augen. Eine unheilvolle Angst griff in unserem Haufen um sich. Und tatsächlich: Am nächsten Morgen stellten Max und seine Schwester Resa fest: Es fehlten drei von uns. Max weinte vor Zorn. Das letzte Mal, dass ich ihn weinen sah. Es hatte auch meinen Nachbarn erwischt, einen Trompeter mit dicken Backen. Maxens Liebling.

In der neuen Wohnung, die Grünbergs im Jahr darauf bezogen, standen wir noch viele Adventstage. Auch als

Gottfried schon gestorben war und die Kinder längst das Haus verlassen hatten. Inge war nun zu unserer einzigen Bezugsperson geworden. Sie pflegte uns, so gut es ging. An Nachwuchs war nicht zu denken. Die paar Musik-engel, die „aus der Zone" auf die Weihnachtsmärkte im Westen kamen, waren teuer. Inge Grünberg mit ihrer schmalen Rente konnte sie sich nicht leisten.

Beim großen Feuer 1962 kamen elf von uns um. Die zwei Kinder von Resa hatten unbemerkt Kerzen zwischen uns aufgestellt, während die Alten Tee tranken und plauderten. Als sie den Brandgeruch bemerkten, war es für die Geiger und den Dirigenten zu spät. Ich wurde schwer verletzt gerettet. Ausgerechnet mein gesunder Arm war abgebrannt bis auf den Stumpf. Aber ich konnte noch stehen. Das genügte den Enkeln, die uns ins Herz geschlossen hatten.

Unsere kleine Truppe schmolz weiter. Jedes Jahr gab es Verluste. Bis ich alleine übrig geblieben war. Inge – inzwischen selbst recht wackelig – holte mich mit zittrigen Fingern aus dem Seidenpapier und gab mir Exil in der Weihnachtskrippe, zu der ich eigentlich nicht passte. In manchen Jahren steckte sie mich ins Strohdach des Stalls. Nicht mein Ding. Aber besser, als weggeworfen zu werden.

Als Resas Tochter Johanna heiratete, bekam sie mich von ihrer Oma geschenkt. Ich bin sicher, dass die alte Dame Johanna mit mir die größte Freude machte. Es schimmerte feucht in ihren Augenwinkeln, als sie mich in die Hand nahm. Das war der Anfang einer Alterskarriere, mit der ich längst nicht mehr gerechnet hatte. „Weißt du noch – das Feuer? Vater wollte den Tubisten auch in den Mülleimer stecken. Ich habe so lange gebettelt, dass er dableiben durfte. Er kann doch noch stehen, schluchzte ich", erzählte Johanna. Es war die reine Wahrheit, ich kann es bestätigen.

Mein Glück wollte es, dass Johannas Mann Frank auch an mir Gefallen fand. Und schon im nächsten Jahr waren wir zu dritt. Er hatte auf dem Weihnachtsmarkt einen Oboisten und einen Engel mit Kontrabass gekauft. Im Jahr drauf waren wir schon wieder ein ordentliches Kammerorchester.

Die wirkliche Wende ereignete sich aber erst 1990. Da kam es zu einer regelrechten Massenankunft auf dem Sideboard, wo wir aufgestellt worden waren. Flötisten, Fagottisten, Bratscher, Harmonikaspieler stellten sich vor, sogar ein Pianist mit einem Flügel stieß zu uns.

„Der muss teuer gewesen sein", murmelte Johanna. „Logisch", brummte der Engel am Klavier, was sie leider nicht hören konnte.

Heute sind wir ein strahlendes himmlisches Heer. Wir stehen auf dem klassischen Konzertpodest, das sich Johannas Sohn Martin letztes Jahr gewünscht hatte. Der neue Dirigent gleicht meinem alten Freund wie ein Grünflügler dem anderen. Und Martin erzählt jedem Gast meine Geschichte. „Das ist der Veteran, den hat Mama von Urgroßmutter geschenkt bekommen."

Inge verfolgt den jährlichen Auftrieb mit sichtlichem Wohlgefallen. Sie sitzt oben auf ihrer Wolke zwischen den anderen verstorbenen Grünbergs und zieht ihren Gottfried damit auf, dass Martin ganz andere Vorstellungen von einem Engelsorchester hat als der Urahn. Das hat mir der Kesselpauker erzählt, unser Jüngster. Der hat noch gute Kontakte ins Paradies. „Das ist kein Orchester mehr", habe Gottfried geseufzt, „zwanzig Trompeter, Posaunisten und Tubaspieler – das ist eine Bigband." Jawohl, eine Bigband sind wir. Und nachts, wenn die Familie schläft, blasen wir „You'll never walk alone!" Da wird es gerade mir warm ums Herz, wie Sie sich sicher vorstellen können.

WARUM
WEIHNACHTEN
UNS NICHT
KALTLÄSST

Arnd Brummer

In den Herzen wird's warm

Holder Knabe, was haben sie aus dir gemacht? Alles schläft, einsam lacht? Das traute hochheilige Paar? Wenn es denn tatsächlich in Bethlehem war. Auf der Suche nach dem historischen Jesus kommen wir nicht weit. Der kleine Junge aus Galiläa, ein Kind aus einer normalen jüdischen Familie. Natürlich wird der Säugling gebrüllt haben, wenn er hungrig war oder in einer vollen Windel lag. Und es roch dann nicht nach Weihrauch im Hause Josefs.

Seine Mutter Maria, die gesegnete junge Frau, lachte gerne und war zu Freundschaften fähig. War sie asexuell? Wohl nicht. Und Josef war mit Sicherheit kein frömmelnder Einfaltspinsel. Ein Handwerker war er. Wahrscheinlich ziemlich muskulös, der Zimmermann aus Nazareth. Josef wird Sohn Jeschu auch mal zur Ordnung gerufen haben.

Die historisch-kritische Zerlegung der Evangelien ist erlaubt. Der fromme Jude, den wir als Matthäus kennen, beschreibt zu Beginn seines Textes ausführlich die lange Ahnengalerie Josefs, lässt ihn von König David abstammen – das muss nicht stimmen. Die Reise nach Bethlehem, vom Arzt Lukas mit einer historisch nicht belegten Volkszählung begründet, mag auch nicht stattgefunden haben. Was wäre anders, wenn Jeschu in Nazareth geboren ist und nicht im judäischen Bethlehem? Nichts Wesentliches. Sie kriegen dich nicht klein, holder Knabe.

Weihnachten, wie wir es heute kennen, wie es eine gewaltige Maschine von Kitsch, Konsum und wahrer Frömmigkeit antreibt, ist ein riesiges Gebirge von menschlichen Sehnsüchten und Hoffnungen. Jede Zeit und jede Weltgegend hat sich Jesus auf ihre Weise angeeignet, hat sich ihren Jesus zurechtgemacht. Die unterschiedlichsten Köpfe des Christentums haben unerschrocken daran mitgewirkt. Die Krippe verdanken wir Franz von Assisi. Das Christkind Martin Luther und den Adventskranz dem Sozialreformer Johann Hinrich Wichern.

Der „holde Knabe" geht auf die Rechnung zweier armer Kirchenleute aus dem Salzburger Land, des Hilfspriesters Joseph Mohr und des Lehrers Franz Gruber. Die Sklaven auf den Baumwollfeldern Alabamas und in den Tabakplantagen Virginias sangen: „Go, tell it on the mountain, that Jesus Christ is born!" Johann Sebastian Bachs Weihnachtsoratorium – eine Jesus-Gala, Popkultur auf höchstem Niveau. Der festliche Umzug der Heiligen Drei Könige in Sevilla erinnert den Nordeuropäer an rheinischen Karneval. Die am Polarkreis logische Verbindung des Jesus-Geburtstages mit dem Aufleuchten des Lichts in der winterlichen Dunkelheit findet der Mittelmeeranrainer seinerseits etwas düster und übertrieben.

Die Amerikaner haben einem – historisch nicht belegten, wahrscheinlich aus zwei unterschiedlichen Biografien zusammengebastelten – byzantinischen Bischof ein knallrotes Wams angezogen und ihn mit einer großen Schelle bewaffnet, auf dass er in den Einkaufsstraßen von New York vorweihnachtliche Fröhlichkeit verbreite. Der arme Nikolaus musste an den Nordpol umziehen, von wo er im Rentierschlitten um die Welt und durch die Kamine fegt, um Kinder zu beschenken. Irgendwann nannte man ihn Weihnachtsmann. Christ, der Retter, ist da? Alle Wetter, holder Knabe, ho, ho, ho!

Dieses Mythen- und Legendengebirge Schicht für Schicht abzutragen, ist nicht nötig, um den Kern der Weihnachtsgeschichte zu finden. Der heißt schlicht: Gott ist Mensch geworden. Der Evangelist Johannes sagt es so: Und das Wort ist Fleisch geworden und hat unter uns gewohnt. Unfassbar.

Wenn etwas unfassbar, unbegreiflich ist, was machen Menschen dann, um es trotzdem zu verstehen? Sie suchen nach Bildern und Vergleichen. Sie entwickeln Ausdrucksformen, die alle rationale Deutung hinter sich lassen. In anderen Religionen gibt es durchaus Fälle von Göttern, die Menschengestalt annehmen. In der Regel handelt es sich bei dem erwählten Personal um Pharaonen, Könige und Helden. Sie legitimieren Macht und Bedeutung mit ihrer Göttlichkeit. Sie leben in Palästen oder führen große Heere.

Mit der Menschwerdung Gottes in dem galiläischen Juden Jesus verhält es sich anders. Der will weder Perser noch Trojaner besiegen. Er will weder über Ägypten herrschen noch über Japan. Er ist zu uns gekommen. Und er bleibt bei uns. Schwierige Geschichte, holder Knabe.

Es waren Hirten auf dem Felde, Nachtwächter bei ihren Schafen. Gab es die Hirten wirklich? Waren die Wissenschaftler aus dem Morgenland überhaupt da? Wenn es hilft, die Menschwerdung Gottes zu begreifen, haben sie das Kind angefasst und in ihren Herzen tirolerisch gejodelt: still, still, still, weil's Kindlein schlafen will.

Hilfspriester Mohr aus dem kleinen Oberdorf bei Salzburg hat übrigens sechs Strophen für „Stille Nacht" gedichtet. Nummer drei, vier und fünf verstauben in den Archiven. In der dritten Strophe heißt es: „Stille Nacht! Heilige Nacht! / Die der Welt Heil gebracht / Aus des Himmels goldenen Höhn / Uns der Gnade Fülle lässt seh'n / Jesum in Menschengestalt." Darum geht es doch, holder Knabe?

Heil und Gnade in Menschengestalt. Das ist mit Menschwerdung gemeint. Der Menschensohn, wie sich Jesus selbst nennt, bringt es auf den Punkt, indem er sagt: „Was ihr dem geringsten meiner Brüder getan habt, das habt ihr mir getan." Noch Fragen?

Stört es diesen Jesus, wenn die Heiden Weihnachten mitfeiern? Wenn sich shintoistische Japaner an seinem Geburtstag beschenken, wenn kirchenferne Deutsche oder Briten festlich zu Abend essen oder Kerzen an einem Tannenbaum anzünden? Es stört ihn wahrscheinlich nicht. Die Menschwerdung Gottes und am anderen Ende dieses Menschenlebens die Überwindung des Todes sind ein universales Angebot. „Der du der Heiden Heiland bist", heißt es in einem Kirchenlied. Einer, der mit Zöllnern tafelte und im Haus eines Offiziers der verhassten römischen Besatzungsmacht Station machte, kann nicht kleinlich sein. Er ist zu den Sündern gekommen, um ihre Seelen zu bewegen. Das ist selbst ihm nicht immer gleich gelungen. Stimmt's, holder Knabe?

Also wieder Advent. Mit all diesen unglaublichen Geschichten und Riten, mit den großen und kleinen Ungenauigkeiten, mit dem Zuviel und Zuwenig an Stille und Heiligkeit. Gastfreundlich zu sein ohne Murren, forderte Jesus seine Freunde auf. Christen, lasst sie dabei sein, lasst sie mit euch zusammen Gänse essen und Weihnachtsgebäck. Aber erzählt ihnen die Geschichten von Bethlehem. Und seid mutig, übersetzt sie in neue Bilder, wenn ihr meint, es mache sie besser verständlich. Ihr dürft das. Ihr seid dann in guter Gesellschaft mit dem heiligen Franz, mit Martin Luther, mit Johann Sebastian Bach, mit den Sklaven auf den Feldern Virginias, mit Lehrern und Hilfspriestern. Tell it on the mountain – in den Herzen wird's warm. Ho, ho, ho, happy birthday, holder Knabe!

Thommie Bayer

Rosen aus Papier

Mein eher phobisches Verhältnis zu Weihnachten habe ich andernorts beschrieben, hier würde ich gern darüber nachdenken, warum ich eigentlich lieber kein Weihnachtshasser wäre.

Nur ein Spießer kann wollen, dass alle anderen seine Lebensform teilen, ich bin keiner, also geht es mich nichts an, wenn ab Mitte November ein kollektiver Wahnsinn ausbricht, der nicht nach Vorfreude aussieht, sondern vielmehr nach Panik, und der die Innenstädte nur zum kleineren Teil schöner, zum größeren aber in meinen Augen hässlicher macht – es steht mir nicht zu, meine eigene ästhetische Verletzbarkeit zum Maßstab für meine Mitmenschen zu erheben, also heißt es drunter wegtauchen, wenn die flotte Weihnachtsmusik, der Glitzerwust und die Überforderung der Marktteilnehmer von allen Seiten meine Sinne angreifen.

Könnte ich allerdings die Fähigkeit zur selektiven Wahrnehmung erlernen und mir das Schöne aus der Überdosis herauspicken, dann hätte ich vielleicht meine Freude an hübsch geschmückten Bäumen, strahlenden Lichterketten und der freundlichen Sentimentalität, mit der allenthalben eine beschützte und verzauberte Kindheit heraufbeschworen wird, die mancher so nicht erlebt, aber jeder sich gewünscht hat.

Ich bin nicht religiös, aber es berührt mich, wenn jemand eine Kirche betritt, sich bekreuzigt und mit einem Ausdruck nach innen gewandter Konzentration seinen Gott um etwas bittet. Was ich in diesen Momenten empfinde, ist weniger Herablassung gegenüber der Naivität, die ich solchem Glauben unterstelle, als vielmehr ein kleiner Neid auf die anrufbare Instanz. Ich bin beeindruckt und manchmal ergriffen von Kunst und Architektur, die ohne das Christentum und dessen Kirche nicht entstanden wären, ich sehe das nicht als Protzerei einer Klerikerkaste, sondern als Ausdruck des gemeinsamen Reichtums, den die Religion ihren Gläubigen bieten will, ich achte das Festliche, Majestätische, der Alltagswelt Enthobene als theatralisch-manipulativen Versuch, die „andere Welt" nicht nur in einem fernen Jenseits zu versprechen, sondern in erhabenen Momenten auch im Diesseits herzustellen.

Wenn nun das größte Fest des Christentums, das der Geburt seiner Leitfigur Jesus, einen solchen Anklang findet, dass es nahezu alle, die in seiner Kultur aufgewachsen sind, erreicht, sei es in Form einer Geschenkorgie, einer gefühlvollen Beschwörung der Familie oder einer hedonistischen Feier von Genüssen, dann hat dieses Fest seinen guten Grund – es ist wichtig, es wird geliebt, es wird gebraucht, sonst wäre es längst als

Minderheitenveranstaltung in kleinen Zirkeln margina-
lisiert und unsichtbar geworden.

Schmallippiger Konsumkritik rede ich so wenig das
Wort wie fundamentalistischen Plädoyers für Andacht
und Einkehr, ich finde gerade das Rauschhafte in Verbindung mit der heraufbeschworenen Erinnerung an
Liebe und Wärme, Zusammenhalt und Frieden bemer-
kenswert und sehr zustimmungsfähig.

Aber macht dieses Fest nun traurig oder fröhlich?
Liegt es am Blickwinkel? Sieht ein Weihnachtsgeschä-
digter nur die übergroße Glückserwartung bei seinen
Mitmenschen und deren zwangsläufige Nichterfüllung?
Und sieht ein Weihnachtsbeglückter die beschworene
Innigkeit und Seelenerwärmung alljährlich auch wirklich eintreten? Ich vermute, bei einer empirischen Unter-
suchung dieses Sachverhalts käme eine Melange heraus,
die beides vorzeigt, die Enttäuschung und die Erfüllung
– so ist das nun mal im wirklichen Leben: Klar sind die
Dinge immer nur dann, wenn man sie bis zur Entstellung
vereinfacht. Je näher wir den Mischverhältnissen der
Wirklichkeit kommen, desto weniger verständlich und
zu irgendeiner Argumentation brauchbar ist die dann
viel zu komplizierte Wahrheit.

Also zurück zum Blickwinkel: Da ich beides bin, ein
Weihnachtsbeglückter wie auch ein Weihnachtsge-
schädigter (jeweils in verschiedenen Abschnitten meines
Lebens), kann ich versuchen, beide Perspektiven ein-
zunehmen.

Der Weihnachtsbeglückte erinnert sich an Rehe, die wir immer sehen wollten, aber nie sahen, wenn wir mit unserem Vater den obligatorischen Spaziergang machten, während meine Mutter das Essen fertigkochte und dem Baum den letzten Schliff gab. Manchmal lag Schnee, manchmal nicht, ob wir immer alle vier mit unserem Vater loszogen oder ob unsere Schwester auch manchmal unserer Mutter half und nur die drei Jungs durch den Wald stapften – auch wie wir uns dabei fühlten, weiß ich nicht mehr –, diese Erinnerung ist nur noch ein Bild.

Nach dem Essen las unser Vater die Weihnachtsgeschichte, wir musizierten gemeinsam in verschiedenen Besetzungen, sangen die „besseren" Lieder („Es kommt ein Schiff geladen", „Tochter Zion" etc.) und schauten auf den immer schön und sparsam geschmückten Baum, an dem Strohsterne (selbstgemacht), Papierrosen (selbstgemacht) und später auch aus Karton ausgeschnittene und mit Goldpapier beklebte Tierkreiszeichen zwischen den wenigen blanken Glaskugeln hingen.

Am Weihnachtsmorgen vor dem Frühstück erklang das Glöckchen, und wir durften endlich die unterm Baum ausgebreiteten Geschenke auspacken. Die waren, außer den Papiertellern voller Nüsse, Orangen und Süßigkeiten, eigentlich immer eine Enttäuschung, aber das nahmen wir gelassen. Socken, Schlafanzug, Federmäppchen.

Wann das Ganze kippte, weiß ich nicht mehr genau – ich glaube aber, es waren die Tränen meiner Mutter, als sie irgendwann das Geschenk meines Vaters (einen Kochtopf) auspackte.

Ab hier übernimmt der Weihnachtsgeschädigte, denn die Tränen wurden zum festen Ritual, unser Gesinge bekam etwas Stures und Verbogenes, unsere Oma weinte bald mit, und die Luft war geladen von Kummer, Streit, Abneigung und Enttäuschung. Wir Kinder wandelten uns von anfangs hilflosen Trotzdem-Mitmachern zu latent aggressiven, dann wirklich aggressiven Störern des Rituals, und das Ganze wurde Jahr für Jahr immer schrecklicher, bis es sich einfach in Luft auflöste und jeder seiner Wege ging.

Hätte ich eigene Kinder, dann würde ich Reflexionen wie diese hier nicht anstellen. Ich würde mir Mühe geben (auch wenn das für andere nach Panik oder Überforderung aussehen könnte), ihnen ein Familienfest mit Glanz, Fröhlichkeit und (guter) Musik auszurichten, sie möglichst nicht als Weihnachtsgeschädigte in ihr Erwachsenenleben zu entlassen und für mich selbst, meine Frau, unsere Freunde oder Verwandten, die eventuell daran teilnähmen, so unverkniffen und hedonistisch es geht, für Freude zu sorgen.

Den Anlass für dieses Fest, Jesu Geburt, würde ich nicht ignorieren, aber ich würde auch nicht behaupten, dieser Anlass sei für mich der Grund zu feiern, ich würde Weihnachten als das nehmen, was es meiner Ansicht nach für die meisten ist: ein willkommener, sentimentaler und auf die Zusammengehörigkeit der Beteiligten fokussierter Punkt im Leben, der mit Glück alljährlich wieder zum Leuchten gebracht werden kann, wenn er anfangs, zur richtigen Zeit, einmal geleuchtet hat. Ich würde wissen, dass ich etwas für die zukünftige Erinnerung tue.

Weihnachten lässt mich nicht kalt. Das gibt mir zu denken.

Claudia Bender

Ich möchte es heil

Was ist, wenn einem nichts, aber auch gar nichts Schlimmes, Schreckliches, Böses, Grauenhaftes oder Trauriges einfällt, das man selber mit Weihnachten verbindet? Was ist das, wenn man verzweifelt, weil der autobiografische weihnachtliche Ansatz so langweilig ist, dass man niemanden ernsthaft damit quälen will?

Was das ist? Glück.

Also schreibe ich über Glück. Weihnachten ist Glück. Für mich. Und was noch viel wichtiger ist: Hoffentlich für meinen Sohn. O. k., der ist dieses typische Berliner Mitte-Kind, dessen Stapel Weihnachtsgeschenke höher ist als seine eigene Körpergröße mal zwei. Aber immerhin nicht größer als der Baum. Der seine Wünsche mit herrlichen Rechtschreibfehlern auf zahlreiche Zettel verteilt, die passend zum Fest natürlich alle von einem außerirdischen Monster gefressen wurden. Ein Sohn, der sich alle elektronischen Geräte wünscht, die amerikanische und japanische Hersteller zum Heiligen Abend sogar persönlich vorbeibringen würden.

Glück für diesen Zwerg ist das alles nicht. Glück für dieses Kind ist, wenn alle da sind. Mama, Papa, Oma,

Opa, Schwester, Bruder und all die anderen Leute, die seine Eltern noch meinen, am Heiligen Abend um den Baum rum versammeln zu müssen. Dieses Kind kann sich vor Glück kaum rühren, wenn wir bei ihm sind. Dann weiß er nicht, wohin mit sich, dann schlingt er seine Arme um meinen Hals und hält mich ganz fest. Dann ist es ganz still.

Als er drei war, hat ihm sein Bruder erzählt, der Weihnachtsmann käme doch durch den Kamin und bringe die Geschenke, während wir alle in der Kirche seien. Das mit den Geschenken hatten wir immer offengelassen, uns als Pastorenfamilie zumindest nicht festgelegt und immer wieder die Geschichte vom Christkind erzählt, um das es ja eigentlich an Weihnachten geht. Mit drei will man den Eltern noch glauben. Aber der Glaube ist brüchig. Und große Brüder groß. Dann liegt man auf einmal in der Ecke unter dem Fake-weil-Ethanol-und-ganz-und-gar-ohne-Schornstein-Kamin und zweifelt. An den Eltern. Am Bruder. Am Weihnachtsmann. Dann ist man drei. Und sucht. Nach Antworten. Nach alten Männern in roten Kostümen.

Die Suche hört nie auf. Ich suche in Weihnachten das ewig Gestrige. Ich will, dass mein Weihnachtsfest so ist wie bei den Buddenbrocks, als alles noch so war, wie es sein sollte, oder bei Barnaby, wenn gerade keiner dran glauben muss. Kein Zweifel, kein Elend, kein Streit. Schnee. Das immer gleiche Ritual. Kirchgang mit Händchenhalten. Die Klassiker fürs Herz. Eine gute Predigt fürs Hirn. Frieren auf dem Heimweg. Ofenwärme zu Hause. Kerzen. Mit Familie und Freunden essen und trinken. Glückliche Kinder. Mehr nicht. Mehr geht nicht.

Machen Sie sich keine Sorgen. Wir streiten uns auch. Oft beim Schmücken des Baums. Eigentlich immer. Es sind meine Kugeln. Ich weiß, wo sie hingehören. Ich will nicht, dass sie runterfallen. Ich habe Geschmack. Ihr habt alle keine Ahnung.

Mein Ehemann ist als Pastor für die Krippenfiguren zuständig. Jedes Mal benimmt er sich bei deren Aufstellung, als ob wir bauen würden. Er denkt lange über ihre Platzierung nach, betrachtet sie im Lichte historisch-kritischer Forschung, setzt Josef um, rückt Maria nach hinten, spricht mit den Heiligen Drei Königen. Lässt die Kiste irgendwo stehen. Vergisst das Stroh. Aber ich weiß ja, wo die Reste vom vorigen Jahr sind.

Was ist also Weihnachten? Hoffnung. Die Zusage, dass es Zuversicht gibt. Eine Insel, die uns einmal im Jahr rausholt aus dem Alltag. Auch gegen jeden Augenschein, der uns die Abgründe der Welt jeden Tag ins Wohnzimmer trägt. Weihnachten ist Zuversicht, die jedes Jahr einmal in dasselbe Wohnzimmer hineinscheint. In unser Wohnzimmer.

Ich möchte es heil. Für uns. Für viele. Weihnachten kommt das Heil. Für alle. Das feiern wir, weil die große Feier die angemessene Antwort darauf ist, dass wir dieses Heil erfahren dürfen. Wir wissen, dass nicht alles heil ist. Geben aber die Hoffnung nicht auf. Vertrauen wie die staunenden Kinder dieser unbegreiflichen Zusage von ganz oben. Weihnachten ist eine Insel des Heils. Mitten in der Welt, die so ist, wie sie ist. Die aber anders werden kann und soll. Dieses Fest fordert uns auf, Zuversicht in die Welt hinaus zu tragen. Und das kann nur, wer selbst zuversichtlich ist.

Wenn wir mitten in Berlin-Mitte ein kitschiges Fest feiern, dann wissen wir, was wir tun. Dann sind wir naiv, gerührt, altmodisch. Dann ist die Suche noch lange nicht zu Ende. Aber sie macht eine Pause. Dann ist Gott auch für uns auf die Welt gekommen, sagt mein Pastor.

Arnd Brummer

Nacht der Neugeburt

Ist es vermessen, wenn man das Leben nicht in Tagen, sondern in Nächten misst? In lauen und bitterkalten, in sternklaren, mondhellen, stockfinsteren, zappendusteren Nächten? Der Tag hat 24 Stunden. Und in ihm liegt immer ein Stück Nacht. Eine Nacht aber gehört nie nur zu einem Tag. Und ihre Grenzen sind offen wie die Steppe.

Wann beginnt die Nacht? Wann endet sie? Wenn die rosenfingrige Eos aus Poseidons Reich aufsteigt und alles in mildes Morgenlicht taucht? Wenn bei Capri die rote Sonne im Meer versinkt? Warum sind Kreuzberger Nächte so lang, derweil Julia weiß, dass den Verliebten jede Nacht zu kurz gerät? Ist's das Licht also, das Tag und Nacht unterscheidet?

Nacht. Eine gute Nacht! Sollten wir nicht lieber von Schlaf- und Wachzeit reden? Als der frühere baden-württembergische Landtagsvizepräsident Hermann Müller einmal eine Nachtsitzung kurz nach Mitternacht unterbrach und für „morgen früh, neun Uhr", wieder einlud, riefen ihm die Abgeordneten entgegen: „Heute, Herr Präsident, heute früh!" Dem aber war des Müllers

Ruh das Maß aller Zeit. Er wies die Zwischenrufer zurecht: „Solange ich nicht im Bett gewesen bin, ist heute für mich morgen!"

Wo verläuft die Grenze zwischen heute und morgen? Statistisch objektiv um Mitternacht. Die Erkenntnis ist nicht viel wert. Richten wir uns denn mit unserer Kleidung nach dem Kalender? Lange Unterhosen erst ab 21. Dezember? So wie die Jahreszeiten nicht zu objektivieren sind – es sei denn für Armeen, Züge und statistische Ämter –, so sind auch Tag und Nacht nicht voneinander abzugrenzen. Licht und Dunkel, Schlafen und Wachen sind von Menschen gemachte Kategorien. Auch Statistik und naturwissenschaftliche Messung sind nicht gottgegeben, sind Menschenwerk. Krücken, an denen wir durch den Schöpfungsplan humpeln.

Tag und Nacht sind eine Sache der Empfindung. Diese Erkenntnis ist höchst rational, weil vernünftig. Dabei stört weder Wissen noch hilft Macht. Noch nicht überzeugt? Probieren wir es mit einer anderen Kategorie: Arbeit, Aktivität. Fehlanzeige. Es gibt nachtaktive Menschen. Sie sind eine Minderheit gegenüber denen, die tagsüber werkeln. Eine Erfindung der modernen Welt? Ein Resultat des Industriekapitalismus? Erst möglich, seitdem künstliches Licht die Nacht zum Tage ausleuchten kann?

Falsch. Schon immer gab es nächtens tätige Leute. Und sie waren für den Erhalt der Menschheit zu allen Zeiten ebenso wichtig wie jene, die ihr Handwerk im

Licht der Sonne verrichteten. Nachts schlägt die Stunde der Jäger, kommt die Zeit der Fleischbeschaffer.

Nachtjagd ist Katzenjagd. Sich anpirschen, lauern, zuschlagen. Lautlos, blitzschnell, aus dem Dunkeln. Eine höchst ökonomische Art, sich Eiweiß zu beschaffen. Die Menschen haben es von den Tieren gelernt. Es bedurfte der Übung. Man muss hellwach sein, auf die Zehntelsekunde fit. Häufig lassen sich die Opfer auf diese Weise nicht überraschen. Und sind sie erst gewarnt, haben die Jäger ihren Vorteil verloren. Kraft und Ausdauer sind nur am Tage von Bedeutung – wenn Jäger ihre Beutetiere im Sinn des Wortes zur Strecke bringen, bis zur Erschöpfung über lange Wege hetzen. In der Katzenzeit zählen nur Schnelligkeit und Präzision.

Weil die Jäger auf der Pirsch sind, müssen sich nächtens auch die Hirten und Wächter tummeln. Müssen auf dem Felde bleiben, bei ihren Herden. Müssen auf Felsen sitzen und Horchposten sein. Hinauslauschen – das Rascheln der Blätter im Wind von den Geräuschen des vorsichtigen Jägers unterscheiden. Tagmenschen taugen dazu nur eingeschränkt. Die Katastrophen ereignen sich, wenn Müdigkeit die Wächter übermannt. Nachtmenschen passiert das kaum. Wächter arbeiten allein, zu zweit, höchstens zu dritt. Alles, was einen hohen Aufwand an Koordination braucht, kann sich nachts, ohne künstliches Licht, nicht bewähren. Aber zwei oder drei Menschen, die können sich auch im Dunkeln verständigen. Sie erkennen sich am Ruf des

Käuzchens, am Bellen des Coyoten, am Heulen des Wolfes.

Nacht ist Ohrenzeit. In sich hineinhören oder leiseste Schritte vernehmen, den Wind in den Bäumen, das Plätschern der kleinen Wellen am Strand. Tags drängt sich das Auge in den Mittelpunkt. Tags heißt wahrnehmen sehen.

Viele Menschen, die intensiv und konzentriert zuhören, schließen dazu die Augen, erzeugen für vermiedene Augenblicke virtuelle Nacht. Die Augen kann man schließen. Die Ohren nicht. Oder nur mit Hilfsmitteln, Pfropfen aus Wachs oder getränkter Watte. Auch der Träumer hat offene Ohren. Mit Filmen und Bildern kann man niemanden wecken, aber mit Fanfarenstößen, Radioweckern und Kirchenglocken.

Nacht ist Musik und gebiert Musik. Nocturne und Blues. „Eine kleine Nachtmusik" und „Saturday Night Fever". Ist das Widersinn, wenn alles schläft? Das ist Spannung im dunklen Teil des Seins. Große Stille und ihre Aufhebung im Hörbaren. Leichter noch als tags ist Lärm von Klang zu unterscheiden, wie grelles Licht von angenehmer Beleuchtung. Was nächtens, was in den Ruhestunden zu hören ist, bezeugt Lebendigkeit.

Nachts muss man einander berühren. Einander ertasten mit den Fingerspitzen. Die nächste Nähe suchen, um jemanden zu erfahren. Haut-zu-Haut-Kontakt. Nachts wird man intim. Ist man zu zweit auf einer Insel im Meer der Dunkelheit, dann rückt alles andere in weite Ferne.

Einander nahe sein oder nicht existieren, das ist hier die Frage. Jemanden aus der Ferne beobachten, auf Distanz zusammenleben – bei Nacht gelingt es nicht. Wer mir fern ist, könnte auch tot sein. Rainer Maria Rilke: „Die Nächte sind nicht für die Menge gemacht. Von deinem Nachbar trennt dich die Nacht."

Wer mir nah ist, wird nachts lebendig. Ein Paradox: Auch die Toten kehren ins Reich der Lebenden zurück. Die Auferstehung fand nachts statt, die Frauen haben sie nur erst morgens entdeckt.

Dass die Engel nachts durch unsere Stuben wandeln, mag niemand beweisen können. Aber nachts lässt sich sowieso nur wenig beweisen. Und ist die Beweisbarkeit denn ein wichtiges Kriterium für die Glaubwürdigkeit? Wer kann schon wissenschaftlich beweisen, dass er jemanden liebt oder, noch schwieriger, von jemandem geliebt wird? Nachts tanzen selige Geister Reigen, und die unseligen vertreiben sich mit Klopfen, Knarren und Wiedergehen die Zeit. Wer Welten und Zwischenwelten leer stehen und entgeistern lässt, wird seelisch obdachlos.

Nacht kann auch jene beten lehren, die nicht Not leiden. Die Mystik braucht das Dunkel. Wenn das Wirkliche nicht sichtbar ist, kann das Unsichtbare Gestalt annehmen.

Nachts nimmt man wahr, dass diese Welt nur ein kleiner Teil der großen Schöpfung ist. Unter dem Sternenfirmament. Das ewige Schwarz des Alls. Eine

Ahnung von Unendlichkeit. Nicht zu messen. Was sind Lichtjahre für den, der unter dem Großen Wagen den Kopf in den Nacken legt? Alpha Centauri, Sirius, Orion und Kassiopeia. Lichtsignale aus fernen Sonnensystemen. Was wir sehen, ist lediglich ein Gewimmel von hellen Punkten.

Zum Universum wird der Nachthimmel in unseren Köpfen, da wir rund um diese kleinen Lichter altes Erfahrungswissen mit neuer wissenschaftlicher Erkenntnis mühelos zu Mutmaßungen über Unendlichkeit verbinden können. Und dabei werden wir der eigenen kleinen Endlichkeit ebenso mühelos gewiss. Und gleichzeitig hält sich in unserem alten Gehirn beharrlich der Glaube, dies alles habe der liebe Gott sich für uns ausgedacht: Weißt du, wie viel Sternlein stehen an dem blauen Himmelszelt? Gott, der Herr, hat sie gezählet, dass ihm auch nicht eines fehlet, an der ganzen großen Zahl.

Und die bleiche Sichel des Mondes – nur polarisiertes Sonnenlicht. Geschenkt. Auf der Bank am See, wenn Lunas Schein das Wasser versilbert, lassen sich Liebende auch von Apollo 11 und all den anderen amerikanischen Mondfahrern nicht davon abbringen, dass diese Inszenierung nur ihnen gelte. Nachts vermehrt sich das Menschengeschlecht. Hört sich beim Atmen zu und fühlt die kalte Hand die warme Stirn. Miteinander verbrachte Nächte verbinden intensiver als gemeinsam verlebte Tage.

Auch das vereinte Durchleiden dunkler Stunden verändert Beziehungen. Blickt man einander nach kurzem, schwerem Schlaf am Morgen danach in die Augen, dann ist ein neues Stück Intimität gewachsen. Die Nacht miteinander teilen Liebende, teilen Kranke und ihre Nächsten am Bett. Jemandem schlafend Nähe erlauben bedeutet ganz archaisch: ihm vertrauen. Neben einem Menschen, dem man nicht traut, macht man höchstens dann ein Auge zu, wenn man vor Erschöpfung nicht mehr anders kann. Freiwillig tut man das nicht.

Erschließung der Nacht durch die Menschen, die Geschöpfe des Prometheus, ist die Wurzel aller Kultur. Die Bändigung des Feuers bedeutet zugleich die Zähmung der Dunkelheit. Macht euch die Erde untertan – das heißt Licht machen. Nicht auf die Sonne warten müssen, selbst die Nacht zum Tage machen – das ist eine der wenigen Möglichkeiten, die Grenzen der Schöpfung zu verschieben. Dafür zahlen wir einen Preis. Wir verlernen, tatsächlich bei Nacht zu leben.

Die Helligkeit der Straßenbeleuchtung killt den Sternenhimmel über den großen Städten. Wir deichen die Nacht ein und ringen ihr unser Abendland ab. Wir verlernen, nächtliche Jäger zu sein und Hirten auf dem Felde. Wir haben die Unsicherheit der Nacht durch die Angst vor dem Stromausfall ersetzt. Und doch treibt uns die Sehnsucht nach der Nacht. Da sitzen wir als Touristen auf Inseln im Atlantik, im Hochgebirge, in einer Wüste, wo uns kein menschengemachtes Licht ablenkt, und bestaunen die nächtliche Natur, die uns in der hektischen Elektrik Mitteleuropas verloren gegangen scheint. Wir zahlen dafür einen Preis, ein paar Stunden natürliche Nacht zu genießen.

Nicht falsch verstehen: In dieser Sehnsucht steckt nicht der Wunsch, Kultur und Zivilisation zu erlassen. Nur die ab und an erfahrene Natur der Nacht vermag es aber, uns verstehen zu lassen, welch große Menschheitsleistung es bedeutet, die Dunkelheit zu domestizieren, sie per Druck auf den Lichtschalter gefügig und verfügbar zu machen.

Die Grenze zwischen Tag und Nacht, zwischen Helligkeit und Dunkelheit, zwischen wachen und schlafen. Wir können und wollen sie nicht aufheben. Wir wollen sie hin und wieder ein Stück verschieben, sie bestimmen und mit ihr umgehen. Das ist nicht gut und ist nicht verwerflich. Es ist ein Teil unseres Lebensprinzips. Wie der Kampf gegen die eigene Sterblichkeit, den wir nie gewinnen werden, auch wenn uns mit allen Mitteln immer wieder kleine Siege gegen den Ablauf der Zeit gelingen.

Es tröstet, dass es außer dem Erdenleben noch ein anderes gibt, das wir nicht kennen. So, wie wir den nächsten Tag als neuen Tag erleben werden, mit einem neuen Abend und einer neuen Nacht.

Wir brauchen das Neue, das Andere und lernen, es nur vom Alten, vom Gewesenen im Wechsel abzuscheiden. Es ist gut, dass mancher Tag ein Ende hat und ein neuer kommt. Mit neuen Chancen. Und es ist schade, wenn ein Tag vergeht, so wunderschön wie heute, und diese eine wunderschöne Nacht mit dem Ruf der Lerche in neue Tagesmühsal mündet. Aufstehen, waschen, anziehen, arbeiten.

Die Nacht feiern heißt die Erneuerung feiern. An Ostern die Auferstehung und an Weihnachten die Geburt. Was eigentlich ein und dasselbe ist. Und beides ist in christlichem Verständnis keine Wieder-, sondern eine Neugeburt. Eine neue Einmaligkeit wie ein neuer Tag. Das Leben, das wir zu leben haben, bleibt das gleiche, nicht dasselbe. Wir erhalten uns und pflanzen uns fort. In Menschen und in Taten. Wir hinterlassen Spuren. Und treten mutig oder zaudernd in das unberührte Feld der Existenz, das vor uns liegt. Wir haben keine andere Wahl.

Dabei beobachten wir uns und unsere Mitmenschen, versuchen, uns was abzuschauen, voneinander oder von uns selbst zu lernen. Auf dass wir wissen, wer wir sind, und erreichen, was wir möchten. Das tat auch jener Michel Eyquem de Montaigne, der nachts in seinem Turm saß und sich schreibend selbst erkundete. Und jener Martin Luther, der in seinem Studierzimmer nach der Beziehung zwischen Schöpfer und Geschöpf suchte.

Die Nacht ist die Zeit des Selbststudiums, der Gewissenserforschung, der Bilanz. An den Grenzen hält man inne und schaut zurück. Und man nimmt Maß für die Wegstrecke, die vor einem liegt. Ein individueller Akt. Als Massenveranstaltung wirkt Gewissenserforschung peinlich, weil sie eigentlich unmöglich ist. Die Nacht als

Zeit der Selbsterkenntnis ist somit die Phase der Indivi-
dualität, des Ichseins. Damit wir morgen am helllichten
Tage wieder gemeinsam agieren und zupacken können
und uns selbst dabei nicht in der Menge verlieren.

Und wo bleibt der Rausch in der Hitze der Nacht?
Wo bleibt das Außer-sich-Sein? Wo bleiben nächtliche
Euphorie, durchtanzte Nächte? Die gibt es. Aber sie sind
nicht Allnacht. Und wo sie Allnacht sind, muss der Tag
als Nacht herhalten. Dann werden die Stunden der Ruhe
weit in die lichte Zeit hinein verschoben, indem man
Nacht macht, die Rollläden herunterlässt, die Vorhänge
schließt, das Telefon abstellt und über den Mittag schläft.
Der Rausch der Sinne nährt sich vom Aufbegehren gegen das Alltägliche. Eine Serie durchfeierter Nächte wird
irgendwann fad. Nachtarbeitern ist die Nacht alltäglich.
Wenn sie morgens um sechs nach Hause gehen, noch ein
Bier trinken und sich zur Ruhe legen, erleben sie versetzt,
verschoben und dennoch nicht minder individuell die
Zäsur zwischen Tätigkeit und Ruhe.

Die Nacht feiern und sie dann wieder in Ruhe lassen.
Das Dunkel erleben und im Lichterschein erträglich
machen. Dieser Impuls erfährt durch Religion eine Ritu-
alisierung, die unser Streben nach sinnlicher Wahrnehmung des Seins, nach Bewusstsein also, repräsentiert.

Menschwerdung vollzieht sich im Anerkennen unserer Möglichkeiten und Grenzen, im Umgang mit dem
Unausweichlichen und dem Besonderen. Immer wieder
neu Mensch werden, im steten Wechsel, im Aushalten

der Alltäglichkeit und im Genießen der außergewöhn-
lichen Stunden, die uns besondere Nächte bescheren.

In jener Nacht waren Hirten auf dem Felde. Und im
Morgenland entdeckten die Weisen am Nachthimmel
den hellen Stern. Sie folgten ihm. Sie reisten durch die
Nächte. Zu jenem Stall, wo sie mit Maria und Josef, mit
Hirten und Engeln die Geburt des Erlösers feierten.

VOM WÜHLTISCH
UND VON HERZEN

Arnd Brummer

Spät dran –
mitten im Oktober

Einige Leute sollen bereits im Sommerurlaub über Geschenke, Weihnachtseinkäufe und Ablaufpläne zum Fest nachdenken und wollen spätestens Ende September mit dem Verpacken der Gaben durch sein. „Spät dran", hätte meine Tante Martha kommentiert.

Tante Martha nutzte gerne den inzwischen nahezu ausgestorbenen Sommerschlussverkauf, um die Gaben für ihre Lieben einzusammeln. Schon in den Osterferien hatte sie Papier und Stift zur Hand genommen, es sich auf der Wohnzimmercouch gemütlich gemacht und ihre erste Geschenkliste aufgestellt. Eine lange Reihe von Namen wurde angeführt von „Helmut" und „Benedikt", ihren Söhnen, und den Schwiegertöchtern, „Sabine" und „Tina". Es folgten deren Kinder, dann die weiteren engen Verwandten, darunter wir Nichten und Neffen, entferntere Verwandte, alte Freundinnen, jüngere Freundinnen und Freunde, gute Bekannte, besonders sympathische Nachbarn und schließlich jene, die wir heutzutage unter dem Begriff „Dienstleister" zusammenfassen: Hausarzt

nebst Personal, Putzfrau, Müllmänner, Zeitungsausträger, Getränkelieferant, die beiden besonders freundlichen Damen aus der Apotheke, die Blumenverkäuferin
und die Zahnarzthelferin. Die Leute in der Metzgerei, im
Vorjahr noch bedacht, nahm Tante Martha diesmal nicht
mit auf. Dreimal hatte sie sich über die Qualität von
Fleisch und Wurst geärgert und noch heftiger jedes Mal
über die Art und Weise, wie ihre Reklamation achsel-
zuckend weggebügelt worden war.

Für jede Kategorie setzte Tante Martha sodann einen
Betrag fest, der – was sie höchst ungern tat – in bar aus-
gezahlt oder in ein Präsent investiert wurde. Müllmänner, die bei Wind und Wetter hinten auf dem Wagen
standen, bekamen aus pragmatischen Gründen Geld. Wo
sollten die armen Kerle während einer Dienstfahrt im
Regen oder bei Schneefall ihre Geschenke aufbewahren?
„Geld kann man in die Hosentasche stecken", überzeugte
Martha sich selbst.

Schon der Zeitungsausträger mit Moped und Anhän-
ger stellte einen anders gelagerten Fall dar. Er bekam drei
Schachteln seiner bevorzugten Zigarettenmarke. Das
war vor zwanzig Jahren gesundheitspolitisch noch nicht
inkorrekt. Tante Martha – im Übrigen nie etwas anderes
als Nichtraucherin – trank auch sehr mäßig Alkohol.
Dennoch versorgte sie die Sprechstundenhilfe des Haus-
arztes mit einem selbst gemachten Eierlikör, die Blumen-
frau mit einem lieblichen Moseltröpfchen und die Putzfrau mit einem Fläschchen halbtrockenen Sekt.

Der Hausarzt, ein alter Vertrauter der Familie, erhielt sechs Havannazigarren oder eine Flasche Weinbrand. Bei Tante Marthas Beerdigung erzählte er mir, dass er beide Dinge einstens sehr geschätzt und dies bei einer Plauderei Martha mitgeteilt habe („Das muss Anfang der sechziger Jahre gewesen sein"). Nach einem kleinen Infarkt in den Siebzigern hatte er es dann aber versäumt, seine Stammpatienten über die daraus folgende Veränderung seiner Lebensweise zu informieren. „Als ich dann zum nächsten Weihnachten von Ihrer Tante und ein paar anderen wieder mit dem Zeug beschenkt wurde, brachte ich es nicht übers Herz zu sagen: Nein danke, aber ich rauche keine Zigarren mehr und verzichte auch auf Hochprozentiges." Mit den Zigarren erfreute er seither Gäste, „und der Cognac wird ja nicht schlecht".

Die Palette der möglichen Gaben an freundliche Menschen aus Marthas Umgebung ist fast vollständig beschrieben, wenn man weiß, dass sie Nachbarn und entfernte Verwandte gerne mit Pralinen, Marzipan, Schokolade, Gebäck und Konfekt versorgte, nähere Verwandte wie meine Geschwister und mich mit Quartettspielen, als wir noch Kinder waren, später dann mit Kunstkalendern, Krawatten, Kerzen und Christbaumschmuck.

Auszeichnung und Tadel fanden sich auch unter Tante Marthas Gaben. Wenn sie jemanden besonders mochte, machte sie sich die Mühe, seinen literarischen und musikalischen Geschmack herauszufinden. Ich darf mich zu den Geehrten rechnen. Mal fand sich eine Schallplatte mit der Aufnahme eines Mozart-Klavier-konzertes für mich unterm Baum, mal ein Büchlein über Georg Christoph Lichtenberg oder Johann Peter Hebel. Dabei eine Karte mit Tante Marthas gestochen schöner altertümlicher Handschrift: „Meinem lieben Neffen als geistige Nahrung!" Meine Cousine Lilly erhielt Pferde-literatur. Dazu zählte nach Tante Marthas Meinung wohl auch „Der Schimmelreiter" von Theodor Storm. Warum sonst hätte sie einem Schwabenmädel dieses Werk schenken sollen? Gefragt haben wir sie natürlich nicht.

Die erzieherische und kritische Funktion der Ge-schenke musste Vetter Sebastian ertragen. In dem Jahr, in dem er seine Freundin samt gemeinsamem Kind ver-lassen hatte, lag für ihn das Buch „Das Prinzip Verant-wortung" von Hans Jonas auf dem Gabentisch. Niemals hatte sich Sebastian mit Weltethik beschäftigt, genauso wenig wie die Schenkerin. Nur der Titel muss Tante Martha, die Sebastians Entscheidung offen missbilligte, zur Auswahl bewogen haben. Sebastian war sauer, und seine Mutter Gerda, Marthas Schwester, blaffte: „Meinen Jungen mag sie einfach nicht. Der hat immer unrecht. Immer drückt sie ihm was ins Wachs!" Ich fand das Geschenk gar nicht so falsch. Hans Jonas' ökologischer Imperativ wenigstens konnte auch als Maßstab für Sebastian nützlich sein: „Handle so, dass die Wirkungen deiner Handlung verträglich sind mit der Permanenz menschlichen Lebens auf Erden." Da Sebastian Marthas Geschenk aber genau richtig falsch verstanden hatte, ließ er sich dadurch nicht trösten, dass seine Entscheidung zumindest ökologisch nicht zu beanstanden schien. Den angebotenen Tausch des Buches gegen zwei Flaschen Riesling immerhin akzeptierte er.

Schwiegertochter Tina erhielt im Jahre 1985 eine Kittelschürze. Dieses dienstbare Kleidungsstück war noch in den sechziger Jahren in weiten Kreisen der deutschen Gesellschaft ein durchaus übliches Geschenk für junge Frauen. Wir jedoch wussten, dass sich gerade Martha damals wenig gefreut hatte über die blassblau-grün-rote oder lila-rosa-gelbe Arbeitsmontur als Aufmerksamkeit der eigenen Schwiegermutter zu Weihnachten. Die Schürze war mit Bedacht ausgesucht, Tina promovierte in dieser Zeit als Biologin, und Benedikt, noch Politikstudent, versorgte die kleine Tochter und half im Haushalt mit. Aus Tante Marthas Sicht befand sich die Lastenverteilung offenbar außerhalb der Balance.

Tina reagierte genau so, wie wir sie mochten. Sie nahm die Schwiegermutter in die Arme und sagte: „Danke, Mama. Ich weiß dein Angebot zu schätzen. Ich hätte schon auch eine Schürze für dich gehabt, wenn du uns das nächste Mal besuchen kommst. Aber dieser Gutschein", sagte sie und hielt das Geschenk hoch, „ist mir als Symbol deiner Hilfe viel wert." Martha lächelte: „Du hast mich verstanden." Irgendwie falsch richtig, aber im diametralen Gegensatz zu Sebastian.

Wenn Tante Martha im Spätsommer ihre Waren zusammengesammelt hatte, hortete sie die Päckchen und Pakete in ihrem Weihnachtsschrank im Keller. Mancher hatte geahnt, dass sein Geschenk nicht in den Tagen vor dem Fest beschafft und verpackt worden war. Besonders die Empfänger von Essbarem. Erst die Einführung von Verfallsdaten auf den Verpackungen lieferte die Beweise dafür, wie frühzeitig Tante Martha auch diesen Teil ihrer Gaben eingelagert hatte.

Je älter sie übrigens wurde, desto weiter voraus – und auf Verdacht – kaufte sie ein. Als sie starb, fanden Helmut und Benedikt in der Wohnung jedenfalls in Weihnachtspapier eingeschlagene Präsente unterschiedlichster Art, mit kleinen Namenszetteln versehen, die mindestens drei Jahre zuvor gekauft worden waren.

Tante Marthas Tod hat alle überrascht. Auch sie selbst. Diese energische alte Dame hätte sonst beizeiten die nötigen Vorbereitungen für ihr Begräbnis getroffen. Aber der Tod ist – anders als Weihnachten – nichts, was klar terminiert ist. Über Jahre hinweg hatte Martha uns erzählt, dass jeder Trauergast, der sie auf ihrem letzten Weg geleitete, ein kleines Geschenk als Erinnerung mit nach Hause nehmen sollte und dass sie diese Gabe beizeiten aussuchen und in genügender Menge bereithalten würde, an einem Ort, den sie ihren Nächsten klar bezeichnen würde. Nichts dergleichen war angeordnet. „Spät dran", seufzten die Söhne. Doch dann erinnerten sie sich der vorsorglich beschafften Weihnachtsgeschenke. Und zum Leichenschmaus verteilten sie die Gaben, mitten im Oktober.

Tante Martha hätte selbstzufrieden gelächelt und geraunzt: „Wenn ihr mich nicht hättet…"

Arnd Brummer

Grand Cru oder was vom Wühltisch?

Oda war richtig zufrieden. „Da, schau mal, Phil. 50 Stück für 5 Euro. Sind die nicht schön?" Sie hielt ihm einen Stoß farbiger Papiertütchen vor die Nase. „Schön", brummte Phil. „Da kommt jetzt der Tee rein, den ich vergangene Woche gekauft habe." Oda wuchtete den riesigen Teesack vom Schrank: „Zwei Kilo für 21,95. Das ist unschlagbar." Odas Miene meldete Triumph von Ohr zu Ohr. So müssen die spanischen Eroberer ausgesehen haben, nachdem sie bei den Indios Gold gegen Glasperlen getauscht hatten. „Den fülle ich jetzt in die Tütchen. Schau, jedes hat eine andere Farbe. 50 Gramm gehen da rein, macht 40 Päckchen, das Stück für 60 Cent. Im Laden kostet so eine Tee-Geschenkpackung gut und gerne das Fünffache."

So war Oda. Und Phil konnte diesen Zug an ihr nicht besonders gut leiden. Als sie sich vor zehn Jahren kennengelernt hatten, fand er ihre Schnäppchenjägerei ja noch ganz lustig. Jeder Mensch hat irgendeine Macke. Und ihre war eben der ständige Versuch, alles noch billiger zu bekommen. Dass sie auch beim Kauf von Geschenken so vorging, entsprach der Logik. Ihre Manie jedoch, preiswert Erworbenes umzupacken, umzufüllen oder anders zu drapieren, bis es teureren Originalprodukten zum Verwechseln ähnlich sah, befremdete ihn.

„Du betreibst Etikettenschwindel", hatte er ihr irgendwann einmal gesagt. Das fand sie gemein. „Du hast doch keine Ahnung!", zeterte Oda. „Wenn man wie du aus einer Verschwenderfamilie kommt, fehlt einem jegliches Gespür fürs richtige Schenken." Als er das beim Bier nach dem Volleyball Jürgen erzählte, konnte der gar nicht aufhören zu lachen. „Ihr seid wirklich ein merkwürdiges Paar, richtig multikulti." Er hatte recht.

Phil schenkte wenig und selten, vergaß häufig Geburtstags- und Weihnachtsgrüße. Wenn es ihm aber spontan einfiel, dann guckte er nicht auf den Cent. Dem Hausmeister der Schule hatte er neulich eine Flasche Saint-Émilion Grand Cru geschenkt. Er hatte das Dienstjubiläum des Mannes völlig verschwitzt. Also raste er in der großen Pause zu Feinkost Lederer, griff die nächste Buddel aus dem Weinregal, zahlte fast zwanzig Euro, raste zurück und überreichte sie. Oda hatte es nicht mitbekommen, weil ihr Stundenplan an diesem Tag schon nach der dritten Stunde zu Ende war. Sie hätte ihn für verrückt erklärt, deswegen hatte er es ihr auch nicht gebeichtet. Sie hatte natürlich was für den Jubilar besorgt. Ein Buch über die letzte Fußball-WM, vom Wühltisch, „hat noch zwei Euro gekostet".

Oda vergaß nie, jemanden mit einer kleinen Aufmerksamkeit zu bedenken; aber es waren wirklich nur kleine,
kleinste Geschenke. „Die Geste zählt", wies sie Kritik
zurück.

Jetzt tütete sie in der Küche den Tee ein. Phil konnte
sie durch die halb geöffnete Tür beobachten. Jeder und
jede im Lehrerkollegium würde zum Nikolaustag sein
Päckchen bekommen, mit einem handgeschriebenen
Kärtchen. Mit welchem Eifer sie zu Werke ging. Das
Tütchen weiten, auf die Waage stellen, mit dem Schäufel-
chen den Tee hinein, verschließen, Schleifchen dran,
Odas Wangen – gerötet wie bei einem Kind. Ihr Back-,
Koch- und Packgesicht – Phil liebte es vom ersten Tag an.
„Und es ist eben nicht umsonst zu haben", ging es ihm
durch den Kopf, „wer es sehen will, muss die Schnäppchen-
manie ertragen." Oda registrierte, dass er sie beobachtete.
„Ich stecke für jeden noch eine Schokolade dazu, damit
es ein bisschen was hermacht. Dann musst du dich auch
nicht genieren, mir morgen früh beim Verteilen in die
Fächer zu helfen." Dafür bekam sie eine Batterie Küsse
gratis.

David Henry Wilson

Superhunds Weihnachtsgeschenk

Menschen sind komische Tiere. Wie komisch, das will ich euch an einem Beispiel erzählen, einem sehr merkwürdigen Fall von menschlichem Benehmen. Der Fall heißt Weihnachten. Es handelt sich um einen einzigen Tag, der nur einmal im Jahr vorkommt, und egal, wie man sich fühlt, jeder hat an diesem Tag glücklich zu sein. Es kann sein, dass der Wind wie ein Rudel Wölfe heult und man vielleicht nicht weiß, wo das nächste Stück Hundekuchen herkommen soll – das macht alles überhaupt nichts. Wenn Weihnachten ist, hat man einfach glücklich zu sein.

Ich lebe schon eine ganze Zeit bei den Browns, aber ich erinnere mich noch gut an mein erstes Weihnachten bei ihnen. Ich war damals noch ein ganz kleiner Hund und so dumm zu glauben, dass die Dinge immer so sind, wie sie aussehen.

Die Familie hatte schon seit Wochen von Weihnachten geredet, und obwohl ich damals noch weniger über Weihnachten wusste als heute, sagte mir mein fabelhaftes

Gehirn, dass es etwas sehr Angenehmes sein müsste. Tony und Tina, die beiden Brown-Kinder, waren besonders aufgeregt und redeten andauernd darüber, was sie wohl für Geschenke kriegen würden.

Ein paar Tage vor Weihnachten schleppten Mr. und Mrs. Brown einen stacheligen grünen Baum ins Wohnzimmer. Zuerst dachte ich, der wäre für mich, denn draußen war es sehr kalt geworden. Als ich aber an den Baum ging und gerade ein Bein heben wollte, erklärten sie mir energisch, dass dieser Baum nicht dafür da sei, und schubsten mich aus dem Zimmer.

Als Nächstes wurde der Baum geschmückt und dann das Wohnzimmer. Die Kinder halfen Mr. und Mrs. Brown, Buntpapier und Christbaumkugeln an die Zweige zu hängen, und ich versuchte mitzuhelfen, bis mir so eine Christbaumkugel im Hals stecken blieb. Sie mussten mich wegtragen, damit ich sie wieder rauswürgen konnte. Ihr müsst bedenken, dass ich damals noch sehr klein war, und selbst ein Superhirn kann nicht alles wissen, es muss erst Erfahrungen sammeln. Heute halte ich mich in gebührender Entfernung, wenn irgendwo etwas geschmückt wird. Es sind nicht nur die Christbaumkugeln, denen man aus dem Weg gehen muss, es sind auch Hämmer, die einem auf den Kopf fallen, Füße, die über einen stolpern, oder eine Leiter, gegen die man rennt, wenn Mr. Brown gerade oben steht.

Der Weihnachtsbaum wurde also geschmückt. Ich war gerade die Christbaumkugel losgeworden, als Tina eine sehr wichtige Frage stellte.

„Was schenken wir eigentlich Wuffi zu Weihnachten?", fragte sie.

Bis zu dem Augenblick war mir Weihnachten ziemlich schnuppe, aber jetzt war ich plötzlich hellwach.

„Ach ja", sagte Mr. Brown, „an Wuffi haben wir noch gar nicht gedacht!"

Er hatte wahrscheinlich nicht an Wuffi gedacht. *Ich* denke die ganze Zeit an Wuffi.

„Vielleicht", sagte Mr. Brown, „vielleicht bau ich ihm den Zwinger, den ich schon längst bauen wollte. Obwohl das eine Menge Arbeit ist. Vielleicht lass ich es auch. Ich weiß noch nicht. Was meinst du, Liebling?"

„Ich hab auch noch nicht an Wuffi gedacht", sagte Mrs. Brown. „Aber es wird mir schon noch was einfallen."

„Siehst du, Wuffi", sagte Tina und drückte mich fest an sich, „du kriegst auch was zu Weihnachten!"

Und da rannte ich laut bellend und aufgeregt durchs Wohnzimmer, bis ich zufällig gegen einen Teetisch stieß, der unter einer Blumenvase stand, die voll Wasser war, das mich ganz nass nachte und den Teppich auch, als die Vase krachend umfiel. Mr. Brown war nicht gerade entzückt.

Den ganzen nächsten Tag überlegte ich, was ich wohl zu Weihnachten kriegen würde. Ich hörte bei jeder Unterhaltung zu, passte auf, wenn Mrs. Brown ihre Einkaufstasche leerte, schnupperte an jedem Päckchen, das unter den Weihnachtsbaum gelegt wurde – aber nichts hörte sich an, sah aus oder roch wie ein Geschenk für Wuffi. Ich dachte manchmal sogar, womöglich haben sie mich vergessen, aber dann hörte ich, wie Tony Mrs. Brown fragte, ob sie etwas für mich gekauft habe. Die Ohren hüpften mir fast vom Kopf.

„Ja", sagte Mrs. Brown.

„Was denn?", fragte Tony.

Mir wurde abwechselnd heiß und kalt.

„Wirst du schon sehen", sagte Mrs. Brown.

Und das war alles, was sie sagte. Die Spannung war unerträglich. Selbst ein gewöhnlicher Hund hätte sie kaum ausgehalten. Als junger, außerordentlich super- intelligenter Hund konnte ich einfach nicht mehr an mich halten: Ich machte einen See auf den Teppich im Flur.

Danach ging ich in die Küche und tat so, als ob ich von nichts wüsste, aber irgendwie muss Mrs. Brown doch gedacht haben, dass es mein See war, und so kriegte ich den üblichen Klaps auf den Hintern. Woher wusste sie eigentlich so genau, dass es mein See war? Ich hab es immer als ungerecht empfunden, dass man mich auto- matisch für schuldig hält. Ich finde, es hätten ja auch die Kinder sein können, oder etwa nicht? Oder Mr. Brown…

Jedenfalls kommt jetzt der Hauptteil meiner Geschich- te, nämlich das, was sich an diesem Abend und am nächsten Morgen abspielte. Wie ihr euch vorstellen könnt, kriegte ich in dieser Nacht kein Auge zu; ich lag in meinem Korb und überlegte immerzu, was ich wohl geschenkt kriegen würde. Es war klar, dass es etwas anderes sein musste als das, was ich sonst auch kriege – deshalb schieden Knochen, Fleischdosen, Hundekuchen und (so hoffte ich) gebadet werden und Anschnauzer von vornherein aus. Andererseits gab es nicht viel, was ich wirklich gern gehabt hätte – außer natürlich leckere Sachen zu fressen. So wurde mir allmählich immer deutlicher, dass mein Weihnachtsgeschenk eigentlich nur etwas Fressbares sein konnte. Die nächste Überlegung war, wo Mrs. Brown das Geschenk wohl versteckt haben könnte. Nun, für ein Hirn wie meins war das kein Problem. Wo versteckt man normalerweise Fresssachen? Natürlich in der Küche.

Ich schlich mich in die Küche. Im Mondschein machte ich die Speisekammertür auf und schnüffelte ein bisschen herum, aber es war nichts Besonderes zu erschnüffeln. Ich machte jeden Küchenschrank einzeln auf, und ich schaffte sogar, ein paar Schubfächer in den Schränken rauszuziehen. Aber da waren nur Töpfe und Tassen und Papiere und Pakete und Besen und Bürsten und Büchsen und Bestecke – lauter blöde, langweilige Sachen, die unmöglich ein Geschenk für einen Superhund oder auch einen gewöhnlichen Hund sein konnten.

Ich hatte schon fast aufgegeben, als ich am Backofen vorbeikam. Irgendetwas an diesem Backofen ließ mich stehen bleiben, schnuppern, die Nase in die Luft recken und noch mal schnuppern. In der Küche war ein ganz bestimmter Geruch, der sich von allen anderen Küchengerüchen deutlich unterschied – süßer, saftiger, irgendwie fleischiger. Das war genau der Geruch, der in einem Superhund das Bedürfnis weckte, die Backofentür aufzumachen. Und wie es der Zufall so wollte, fiel mir wieder ein, dass der Backofentürgriff ja vor ein paar Wochen abgebrochen war. Mrs. Brown hatte dauernd zu Mr. Brown gesagt, er solle den Griff festmachen, und Mr. Brown hatte dauernd gesagt, er würde es schon machen, machte es dann aber doch nicht, sondern befestigte einfach ein Stück Bindfaden. Ich hatte nicht die geringsten Schwierigkeiten, die Schnur mit meinen superscharfen Zähnen durchzubeißen. Flupp! Die Tür ging auf, fast ohne dass ich sie berührt hätte. Der Duft, der mir entgegenströmte! Wie kann ich ihn beschreiben? Es war ein Duft, der durch die Nase direkt ins Maul zieht, die Zähne kitzelt und die Zunge… In meinem Leben habe ich noch nicht so einen Hunger gespürt.

Und wo kam dieser Duft her? Gebratener Truthahn. Ich konnte es nicht fassen. Ein gebratener Truthahn, groß und braun und so knackig-saftig, wie man ihn sich nur wünschen kann. Was für ein Weihnachtsgeschenk! Ich wäre am liebsten die Treppe raufgerast, rein ins Schlafzimmer und hätte Mrs. Brown tausend Küsse gegeben – aber ich tat es nicht. Weil da etwas war, das noch viel dringender war. Kein Hund, kein Lebewesen hätte diesem Geruch widerstehen können. Ich steckte meinen Kopf in den Backofen, packte einen Truthahnschenkel und zerrte den ganzen herrlichen Vogel heraus, runter auf den Küchenfußboden. Das Blech, auf dem er lag, schepperte gewaltig, und für eine Sekunde durchfuhr mich die Angst, es könnte jetzt jemand aufwachen. Aber das Haus blieb ruhig.

Ihr könntet jetzt sagen, dass ich lieber bis zum nächsten Tag hätte warten sollen, um mich richtig über mein Geschenk zu freuen, aber ihr dürft nicht vergessen, dass ich noch sehr jung war, und junge Hunde haben nicht so viel Geduld wie alte. Außerdem wollte ich ja auch bloß ein paar Happse abbeißen – schließlich war es mein Geschenk, und den Browns würde es egal sein. Mir aber nicht. Ich biss also kräftig zu, und ihr könnt mir glauben: Noch nie habe ich so etwas Köstliches gefressen wie diesen Truthahn. Weihnachten, so fand ich jetzt, war doch eine der besten Ideen, auf die die Menschen je gekommen sind.

Ich hatte mich ungefähr halb durch mein knuspriges Geschenk gefressen, als mir ein bisschen schlecht wurde. Das Einzige, was man in einer solchen Situation tun kann, ist sich hinlegen und schlafen, und das wollte ich. Bevor ich einduselte, dachte ich daran, dass ich der glücklichste Hund der Welt wäre. Vielleicht würden die Browns ein bisschen enttäuscht sein, dass ich mein Geschenk schon vor Weihnachten entdeckt hatte. Aber es lohnte sich jetzt nicht mehr, den Puter in den Ofen zurückzuschleppen – außerdem würden sie vermutlich sowieso lachen und sagen, was für ein schlauer Hund ich doch sei, dass ich mein Weihnachtsgeschenk schon gefunden hatte.

Aber das haben sie dann nicht gesagt, und sie haben auch nicht gelacht, und ich war alles andere als der glücklichste Hund der Welt.

Es kam alles ganz anders.

Als Mrs. Brown am nächsten Morgen in die Küche kam, weckte mich ihr entsetztes Wutgeschrei nicht nur aus tiefstem Schlaf – es verwandelte mich auch sofort in ein bibberndes Häufchen Elend. Nie in meinem Leben habe ich solche Angst gehabt. Auf ihr Schreien hin kamen Mr. Brown, Tony und Tina die Treppe runtergerannt, und man konnte ihren Gesichtern ablesen, dass sie nicht etwa enttäuscht darüber waren, dass ich mein Geschenk zu früh gefunden hatte – der Truthahn war nämlich gar nicht mein Geschenk.

Der Truthahn war der Weihnachtsbraten.

Woher sollte ich das, bitte schön, wissen? Ich versuchte, ihnen zu erklären, was passiert war, aber ich wusste gleich: Sie würden es nie begreifen. Vielleicht Tony und Tina, weil sie beide sagten, es sei nicht meine Schuld, und später sagte Mrs. Brown noch, es sei Mr. Browns Schuld, weil er den Backofentürgriff nicht heil gemacht hatte. Aber daran hatte sie wohl nicht gedacht, als sie mich mit dieser wütenden, entsetzten Stimme aufweckte, und auch nicht, als ich im Schuppen draußen saß und mich langsam von einem schweren Schock und plötzlichem Durchfall erholte.

Trotzdem: Am Nachmittag hatten sie offenbar beschlossen, mir zu verzeihen, und Tina durfte mich wieder ins Haus holen. Und dann passierte etwas Überraschendes. Mrs. Brown hatte nämlich tatsächlich ein Weihnachtsgeschenk für mich! Es war ein Gummiknochen. Ich bitte euch – ein Gummiknochen! Kann man sich etwas Widerwärtigeres als einen Gummiknochen vorstellen? Stellt euch vor, ihr sollt an einem Gummiknochen herumkauen, nachdem ihr gerade einen halben Truthahn verspeist habt. Mir wurde schon vom bloßen Geruch schlecht. Aber wie ich schon oft bemerkt habe, die Menschen begreifen so etwas nicht. Genauso wütend, wie sie darüber waren, dass ich mich über das beste Weihnachtsgeschenk der Welt gefreut hatte, genauso würden sie mich dafür lieben – ich hatte das schon im zartesten Alter kapiert –, wenn ich so tat, als ob ich mich über das blödeste Weihnachtsgeschenk der Welt freute. Ich nagte also an diesem Knochen herum, wedelte mit dem Schwanz, japste und rollte mit den Augen. „Bitte", sagte Mrs. Brown, „er mag ihn!" Wenn man Weihnachten unbedingt glücklich sein muss, dann hat man glücklich zu sein.

Jan Skácel

Eine Harfe im Schnee

Vor einigen Tagen setzte ich einen Brief fürs Christkind auf. Vielleicht war er für Väterchen Frost, ich weiß es nicht, dem Buben war es egal.

Dem Buben kam es nicht auf den Adressaten an, sondern er hing an der Bestellung. Der Brief hatte rein kommerziellen Charakter. Ich bestellte (per Haus) eine kleine Geige und eine Trommel, einen Autobus, eine Kasperpuppe und auch einen Vorhang. Als Gegenwert bot ich im Namen meines Klienten saubere Ohren an, dass er das ganze Jahre lang brav sein wird, und das ist eine lange Zeit, und dass er jeden Abend Lebertran trinken wird. Ich schrieb diesen Brief nieder und erinnerte mich an alle meine Weihnachtswünsche, die ich je gehabt hatte – und es war mir traurig zumute.

Ich lebte damals ungefähr drei Jahre auf der Welt und wünschte mir zu Weihnachten eine Harfe. Das Interessante an diesem Wunsch war, dass ich nicht deswegen eine Harfe wollte, um sie zu zupfen und dazu zu trällern wie König David, sondern damit die Harfe schliefe. Ich hörte damals oft ein Weihnachtslied, und in diesem Weihnachtslied wurde gesungen: „Mein Schwan und meine Laute, Du meine Nachtigall, schlummere Du holde Harfe, Du Söhnchen mein."

Statt der Harfe bekam ich Schuhe. Eigentlich Stiefel.

Dann war ich einmal auch sechs Jahre alt, es schneite, und ich wünschte mir einen goldenen Feuerwehrhelm. Ich bekam einen Muff.

Mit acht Jahren wird aus einem Kind ein Mann, und ich benötigte verzweifelt ein Maschinengewehr.

Als Zehnjährigem bescherte man mir unter dem Christbaum statt der gesammelten Werke von Karl May die Märchen Karl Jaromir Erbens. Ich besitze sie bis auf den heutigen Tag. Gelesen habe ich sie zum ersten Mal, als ich vom Militärpräsenzdienst heimkehrte.

Im Alter von zwölf Jahren wünschte ich mir die schönste Frau auf der Welt. Ich wusste, wo sie wohnte. Sie wussten es nicht und bescherten mir einen gestreiften Pyjama.

Seit dieser Zeit hat sich alles geändert, auch die Bäume, die Wolken und die Amseln. Ich wurde vernünftig, oder vielleicht dumm, begann, mir stets bescheidenere Dinge zu wünschen und wurde gewöhnlich im Großen und Ganzen nicht enttäuscht. Irgendwo in einem Tischchen habe ich ein Zigarettenetui, ich besitze ein Dutzend Krawatten, ein Paar lange Unterhosen, die ich nie getragen habe, sogar auch einen linken Lederhandschuh. Allerdings hat Weihnachten für mich seit den schicksalhaften Weihnachten, als meine Träume so vernünftig zu werden begannen, dass sie realisierbar wurden, seinen Zauber verloren. Daher wuchs, als ich neulich für den Buben den kommerziellen Weihnachtsbrief aufsetzte, in meiner Seele eine Wehmut, aufrecht wie eine Zypresse, heran.

Eine Harfe wünsche ich mir, beschert mir heuer eine Harfe unter den Christbaum. Am besten eine goldene, die Saiten können aus Silber sein. Ihr schuldet mir eine Harfe. So eine, die schlafen würde.

Marlene Faro

In schönster Harmonie?

Es weihnachtet auch in unserer Dachwohnung, natürlich nur sehr diskret, eine silberne Schale mit Keksen von „Engelhardt & Sohn" steht auf dem Couchtisch aus hellem Birkenholz, über dem Kaminofen lehnen Einladungen zu Weihnachtsmärkten und wohltätigen Basaren, es duftet nach Harz und Tannenzweigen.

Simon eilt von einem Geschäftsessen zum nächsten Punsch, die Adventszeit bedeutet das alljährliche Umsatzhoch für einen Weinhändler, Firmen ordern kistenweise ihre Präsente für treue Kunden, es wird eifrig gebunkert für die Feiertage, wie sonst soll man eine ganze Woche im Kreis seiner Lieben überstehen.

Dann ist der vierundzwanzigste Dezember da, ich gehe schon frühmorgens zum Markt, vor den Fischständen bilden sich lange Schlangen in der Kälte, wir stehen in Pfützen aus Blutwasser und Eis. In einem offenen Bottich schwimmen Karpfen, die Frau vor mir deutet auf ein besonders schweres Kaliber und schon hat ihn der Fischhändler herausgeangelt, zack, der Kopf ist ab, der Rumpf zuckt noch ein bisschen, der Gehilfe des Fischhändlers wickelt alles in Pergamentpapier, nimmt mit fischigen Fingern den Schein entgegen, gibt ein paar Münzen heraus, danke und schöne Feiertage auch, der Nächste, bitte.

Zwei Kabeljaufilets, sage ich, und um die Mundwinkel des Fischhändlers zuckt es ein klein wenig verächtlich, Kabeljaufilets, kein Hummer, nicht einmal Lachs, nun ja, dabei ist die doch ganz schön teuer angezogen. Aber dann wünscht er mir doch frohe Weihnachten, wir lächeln uns sogar an, wenigstens heute wollen wir Neid und Missgunst aus unseren Herzen verbannen, durch meine Sohlen beginnt das Eiswasser zu sickern.

Simon telefoniert gerade, als ich nach Hause komme, kaum hat er aufgelegt, klingelt es schon wieder, die besten Wünsche, ja, euch auch allen, wir müssen uns unbedingt treffen, wenn der Rummel vorüber ist, ja, ich richte es ihr aus, doch, Agnes geht es gut, vielen Dank nochmals und Grüße, bis dann.

Puuh, sagt Simon, als er zu mir in die Küche kommt, Weihnachten ist echt ein Schrecknis, tut mir leid, Sterntalermädchen, ich weiß, du liebst dieses ganze Brimborium, aber mich kostet es bloß Nerven, obwohl, der Absatz war wirklich hitverdächtig in diesem Jahr, wir sind praktisch leer gekauft, die Leute kaufen wie verrückt, die Flasche um hundert Mark, da zucken die nicht einmal mit der Wimper. Und Simon fasst mich um die Taille, nicht doch, sage ich, ich muss doch den Fisch trockentupfen, sag' bloß, es gibt wieder gebackenen

Kabeljau, sagt Simon, du wirst es überleben, sage ich, das ganze Jahr isst du nur vom Allerfeinsten, da ist doch gar keine Steigerung mehr möglich.

Wir zanken uns noch ein wenig, liebevoll, ernsthaft streiten wir nie, Simon zerzaust meine Haare, und ich kann mich nicht wehren, mit meinen Fischfingern, dann muss er von mir ablassen, das Telefon läutet wieder.

Am späten Nachmittag wird es ganz ruhig in unserem Viertel, nur auf dem Strom ziehen die Lastkähne vorüber, die meisten haben Lichterketten zwischen den Schornsteinen gespannt, manche haben sogar ein geschmücktes Bäumchen auf dem Deck angebracht, die Lamettafäden flattern im Wind, ich denke mir, dieser Fluss ist das Beste an der ganzen Stadt. Auch in den Wohnungen beginnt es schon vereinzelt zu glitzern und zu gleißen, ich vermeine Stimmen zu hören, die ein Lied singen, von Glöckchen und Schlittenfahrten, aber es kann sich nur um eine Einbildung handeln.

Simon und ich haben keinen Weihnachtsbaum, das wäre wohl auch ein bisschen peinlich für ein kultiviertes Paar ohne Kinder, ja sogar ohne Hund, dafür prangt ein wunderschönes Gesteck auf dem langen Tisch im Speisezimmer, mit dicken Kerzen und rotgoldenen Schleifen, es knistert ein wenig, als die Dochte brennen.

Nach dem Essen nehmen wir die halbleere Flasche Chablis mit ins Wohnzimmer, Simon hat die Holzscheite im Kaminofen angezündet, wie von Zauberhand liegen ein schmales Päckchen und ein Kuvert auf dem Couchtisch aus hellem Birkenholz, neben den Keksen von „Engelhardt & Sohn".

Simon sieht mir zu, wie ich das schmale Paket öffne, ein Etui kommt zum Vorschein, Simon blickt mich erwartungsvoll an und grinst wie ein Schuljunge, der etwas angestellt hat, in dem Etui liegt eine zierliche Goldkette, an dem Kettchen hängt ein goldener Stern, an seinen Spitzen funkelt es wie Tautropfen. Für dich, Sterntalermädchen, sagt Simon, damit du mich nicht ganz vergisst in St. Petersburg.

Dich vergessen, ach du Spinner, sage ich, wir halten uns an den Händen, Simon drückt mich an sich, es knackt ganz leise in meinem Brustkorb, so muss die Liebe sein, wie in den alten Märchen, es schnürt dir das Herz ab.

Jetzt mach' doch mal das andere Dings da auf, sagt Simon, seine Haare sind an den Schläfen zerzaust. Ich entferne die Schleife, die um das Kuvert gewickelt ist, ein Prospekt fällt mir entgegen und zwei rote Billetts mit weißer Aufschrift, Flugtickets, ganz eindeutig. Eine Reise, so denke ich, und dass eine Nacht mit Simon im Packeis so ziemlich das Beste wäre, was ich mir vorstellen kann.

Aber auf dem Prospekt ist ein klobiger Felsen abgebildet, wie ein Buckel aus vorsintflutlicher Zeit, rundum scheinen nur rötlicher Staub und Sand zu sein, das ist Ayers Rock, sagt Simon, das Herz Australiens, mitten in der Wüste.

Schau' doch nicht so erschreckt drein, Agnes, sagt Simon, ich stelle mir das unheimlich spannend vor, du wirst schon sehen, wir mieten uns einen Jeep und fahren durch Australien, dort wollte ich schon immer mal hin, außerdem können wir gleich ein paar Weingüter besuchen, ich würde liebend gerne einen größeren Handel mit Weinen aus dem Pazifik aufziehen, die Leute kaufen das Zeug wie verrückt, der Shiraz Cabernet war der Renner im Weihnachtsgeschäft.

Oh, das ist wirklich wunderschön, murmle ich, ehrlich, Simon, es klingt so richtig nach Abenteuer.

Dann hole ich Simons Päckchen, oder besser Paket, es ist groß und federleicht, mein Mann drückt und schnüffelt daran herum, gib mir einen Tipp, Agnes, er freut sich wie ein Kind auf die Überraschung. Ich bin lange herumgelaufen, um diesen Bademantel zu finden, er ist so kuschelweich, bernsteinfarben wie die Augen meines Mannes, mit grünen Sprenkeln darin. Hmmm, macht Simon, und hält sich den Stoff an die Wange, ein kleiner Zettel rutscht aus der Tasche, nie wieder Kabeljau steht darauf, Simon zieht mich an sich, Agnes, du Verrückte, ich liebe dich, für dich würde ich sogar Blumenkohl essen. Ich liebe dich auch, sage ich zu meinem Mann, der Blumenkohl seit seiner Kindheit verabscheut, für dich fahre ich sogar nach Australien.

Simon geht ins Bad und probiert seinen Bademantel an, er kommt zurück und sieht zum Anbeißen aus, wir beschließen, dass er ihn gleich wieder ausziehen muss, Weihnachten ist doch das Fest der Liebe, ich schließe die Augen und stelle mir vor, dass wir auf einer Eisscholle

dahintreiben, rundum ist Kälte, nur der Mann in mir
spendet Wärme und Überleben.

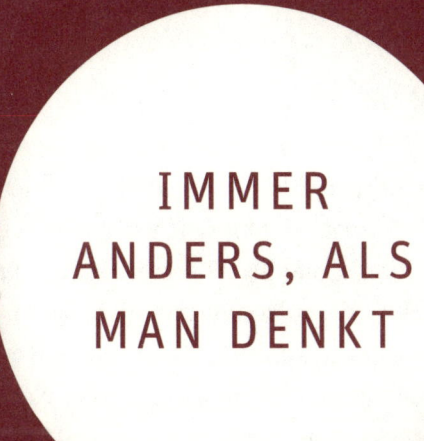

IMMER
ANDERS, ALS
MAN DENKT

Tanja Dückers

Die Schneeschnitzeljagd

Als ich am 24. Dezember aus der Haustür trat, entdeckte ich auf einer Bordsteinkante ein Lachemännchen – in den frischen Schnee gezeichnet. Ich dachte, das ist ja schön, dass jemand mal etwas Freundliches malt, nicht immer nur: Fuck Ya, Fotze, Verpiss dich. Kaum war ich fünf Meter weitergekommen, fand ich den nächsten Smiley auf einer verschneiten Kühlerhaube. Noch dachte ich mir bei dieser Koinzidenz nicht viel, stapfte weiter, Streu und Sand knirschte unter meinen Sohlen, seit gestern waren die Straßen spiegelglatt. Schon von weitem sah ich das große Lachemännchen an dem Stromkasten, auf dem ich manchmal saß und der Dämmerung zuschaute, dann folgte einer an einem Flaschencontainer, einem Bauwagen, auf einer zugeschneiten ausrangierten Couch, der Radkappe eines LKWs und einer am Straßenrand liegenden, zerfledderten Zeitung. Längst war ich an der Bäckerei vorbeigelaufen, in der ich einen Kaffee trinken wollte – ich hatte alle Zeit der Welt zum Kaffeetrinken, denn ich hatte gerade meine Arbeit verloren. Um meinen spätvormittäglichen Kaffee konnte mich eigentlich nichts und niemand bringen, aber jetzt suchte ich die Straßen süchtig nach weiteren Smileys ab. Manchmal stapfte ich eine Weile ziellos umher, manchmal musste ich ein Stück zurücklaufen, um ein verstecktes Lächeln, ein schadenfrohes Grinsen auf der Rückseite eines Briefkastens oder an einer Regenrinne zu finden, aber ich arbeitete mich doch voran.

Langsam merkte ich, dass der Weg, den mir ein Fremder hier diktierte, mich in eine recht ungemütliche Gegend führte. Zu meiner Linken erstreckte sich der düstere Bau einer leerstehenden Fabrik mit eingeschlagenen Scheiben, zu meiner Rechten ein Stück Wald und eine Mülldeponie. Plötzlich fragte ich mich, warum ich eigentlich seit zwei Stunden so beharrlich diesen albernen Smileys folgte, worauf wartete ich?

Irgendwann würden sich die Zeichen verlieren oder ich würde sie einfach nicht mehr finden, denn es wurde langsam Mittag, und die Sonne – eine matte, bleiche Wintersonne – begann, den Schnee überall in matschige Pampe zu verwandeln. Wollte ich der Spur weiter folgen, musste ich mich beeilen. Ein Smiley prangte auf einer der wenigen intakten Fensterscheiben der Fabrik, ein anderer auf einem Baumstumpf am Waldrand. Dann ging es weiter ins Unterholz. Mir wurde ziemlich mulmig zumute. Wer weiß, was für ein seltsamer Typ sich das alles ausgedacht hatte? Mir kamen schauerliche Gedanken: Vielleicht, schoss mir durch den Kopf, wollte ein Selbstmörder eine Fährte legen zu dem Baum, an dem man ihn nur noch als Leiche finden würde?

Plötzlich stand ich vor einer Art Hundehütte. Auf ihrem moosbewachsenen Wellblechdach war in den schon fast gänzlich geschmolzenen Schnee ein sehr großer Smiley gemalt. Der größte Smiley, den ich bisher gefunden hatte. Mit abstehenden Ohren und einem zugekniffenen Auge. Ich starrte auf die Zeichnung, lief einmal um die Hütte. Das kleine ovale Türchen stand halb angelehnt. Mit zitternden Knien trat ich näher. Ich roch schon die modrige Luft, dann zählte ich bis zehn und schob meinen Kopf hinein:

Ich sah einen Kreis aus brennenden Kerzen, in ihrer Mitte lagen mehrere eingewickelte Päckchen. Es fehlte nur noch der Christbaum. Ich steckte meinen Kopf tiefer hinein, im gleichen Augenblick überfiel mich die Furcht, dass jemand mich beobachten und gleich in der Hütte einsperren könnte... Ich zählte noch einmal bis zehn, dann bückte ich mich über die Kerzen und las den Brief neben den Päckchen:

„Wer auch immer den Weg bis hierher gefunden hat: Ein Belohnungsgeschenk wartet auf ihn. Gehwohl-Salbe für müde Füße, eine Flasche spanischer Wein, geklaut aus dem Keller meiner Eltern, ein großer Baumkuchen, eine Sammlung Postkarten aus aller Welt, ein Feldstecher (linke Seite kaputt) und eine Kassette von meiner Band ‚Sweet Surprise'. Viel Spaß wünscht Unbekannt an Unbekannt." Ganz unten stand, an den äußersten Rand gepresst, in kleiner Schrift: Einer der vielen arbeitslosen Spaziergänger in Berlin.

Zsuzsa Bánk

Der Schwarzwaldsepp

Bei Müllers hat's gebrannt-brannt-brannt, da bin ich weggerannt-rannt-rannt, habe ich gestern noch auf dem
Schulhof gesungen und dabei in die Hände geklatscht,
und heute hat Mama gesagt, jetzt musst du singen, bei
Baumanns hat's gebrannt-brannt-brannt, da sind wir
weggerannt-rannt-rannt. Das Feuer ist am Morgen aus-
gebrochen. Wie und warum es kam, weiß niemand. Im
Nachbardach hat es begonnen und sehr schnell an
unserem Dach geleckt. Alles während Fred und ich zum
letzten Mal vor den Ferien Schule hatten, Papa arbeiten
und Mama einkaufen war, weil sie ja nicht mehr arbeitet,
seit der Bauch so groß und rund ist, damit das neue Baby
darin schwimmen kann, seit Mama so komisch atmet,
jedes Mal wenn sie sich hinsetzt und wir sie an den
Händen hochziehen müssen, wenn sie aufstehen will.

Als Mama mit dem Wagen in unsere Straße eingebo-
gen ist, war der Dachstuhl schon weg. Dass es so schnell
gehen würde, ein Dach wegzufressen, hätte Mama nie
gedacht. Ein Feuerwehrmann hat gesagt, wir müssten
nun wohl woanders unterkommen, auf Mamas dicken
Bauch hat er dabei geschaut und die Augenbrauen so

weit hochgezogen, dass sie oben spitz wurden. Mama hat diesen Blick gehabt, als müsse sie gleich losweinen, und Fred und ich, wir haben an ihrem riesigen roten Pulli gezupft, und jeder hat eine Hand von Mama sehr fest gehalten, damit sie es nicht muss.

Dafür hat dann Oma Schwarzwald am Telefon geweint, als Mama ihr gesagt hat, das Dach sei weg und Oma Baumann wie immer im Dezember auf Kreuzfahrt. In ihr Haus könnten wir zwar, aber dann habe Mama keine Hilfe mit uns Kindern, jetzt, wo ihr alles schon recht schwerfalle und Papa in der Klinik nicht frei bekäme.

Sonst schlägt Oma Schwarzwald immer die Hände über dem Kopf zusammen, aber diesmal hat sie nur geweint, und Mama hat die Augen so verdreht, wie wir es nie dürfen, und gestöhnt hat sie, welche Prüfung ihr der liebe Gott ausgerechnet in der Woche vor Weihnachten schicke, was sie denn bitteschön verbrochen habe, und Fred und ich, wir haben mit den Achseln gezuckt, weil wir ja auch nicht wissen, welche Prüfung ihr der liebe Gott schickt, und warum gerade jetzt, wo sie den dicken Bauch hat und deshalb nicht wie sonst Engel aus Filz und Papier an die Decke gehängt, sondern einfach nur einen fertigen Adventskranz auf den Tisch gestellt hat.

Mit dem Zug sind wir zu Oma Schwarzwald gefahren. Fred und ich durften nur so viel mitnehmen, wie wir selbst tragen konnten, und ich habe mein Stoffnilpferd in den Rucksack gepackt, das Elfenbuch aus der Stadtbücherei und die Taschenlampe, damit ich abends im Bett noch lesen kann.

Papa hat uns zum Bahnhof gebracht und die Koffer aufgegeben. Unter der großen Reklametafel, auf der jetzt ein Christbaum aus lauter kleinen Lämpchen blinkt, haben wir uns zum Abschied umarmt. Papa hat geflüstert, und zerrt nicht zu sehr an Mama, ja?, und Fred und ich haben die Köpfe geschüttelt und zurückgeflüstert, nein, natürlich nicht. Die Sachen fürs Krankenhaus hat Mama nicht dabei. Sie hat gesagt, das Baby habe Zeit, und das werde ihr der liebe Gott nicht auch noch antun, erst das Dach wegnehmen und dann das Kindchen zwei Wochen zu früh auf die Welt kommen lassen, nein, er werde ihr Zeit lassen, bis wir unser Dach wieder über den Köpfen haben. Aber geschaut hat sie, als glaube sie es selbst nicht, weil ja sogar ich, obwohl ich erst in die dritte Klasse gehe, mir ungefähr zusammenreimen kann, dass ein neues Dach nicht so schnell wieder steht, schon gar nicht in der Zeit um Weihnachten.

Auf dem letzten Stück der Strecke ist mir schlecht geworden, so wie jedes Mal, wenn der Zug durch die Berge und Schluchten und Tannenwälder rast, die jetzt aussehen wie puderzuckerbestäubt, und Mama hat gesagt, Franzilein, schau aus dem Fenster, atme. Aber es hat gar nicht genützt, aus dem Fenster schauen und atmen, nein, wirklich gar nicht. Horsti hat uns abgeholt. Vor seinem roten Lieferwagen hat er schon an den Gleisen gestanden und mit dem grauen Filzhut gewinkt.

Horsti ist Omas einziger Nachbar. Mit ihm ist Mama als Mädchen hier über diese Wiesen gesprungen. Im Sommer barfuß und im Winter mit dicken Schnürstiefeln durch den Schnee. Auch jetzt liegt Schnee vor Omas Haus. Hoch bis zu den roten Fensterläden türmt er sich, als wollte er in die Zimmer schauen. Horsti hat mit der großen Schaufel einen schmalen Pfad geräumt und den alten Holzschlitten für Fred und mich rausgestellt. Oma Schwarzwald schlägt die Hände laut vor dem Gesicht zusammen, streicht uns übers Haar und sagt, wie seid ihr groß geworden, wie seid ihr groß geworden, nein-neinnein, und dann schüttelt sie den Kopf dazu, so auf ihre Art, schnalzt mit der Zunge und macht dieses Ge-räusch, das klingt wie ein tse-tse-tse.

Oma Schwarzwald lebt seit langem allein. Nur Horsti besucht sie manchmal, und wer einmal mit Horsti ge-redet hat, der weiß, er ist nicht so unterhaltsam, wie man sich das vielleicht wünschen würde von jemandem, der als Einziger zu Besuch kommt, denn meist steht er nur in der Küche herum und nimmt die Hände nicht aus seinen tiefen Latzhosentaschen. Aber Oma Schwarzwald mag Menschen sowieso nicht besonders. Uns ja, Mama und Papa und mich und Fred, aber sonst mag sie lieber den nahen Wald, in dem sie jeden Weg und jeden Baum kennt, auch die Namen aller Pflanzen, die dort wachsen, Namen wie Christophskraut, Zahnwurz, Winterlieb und Simse. Wenn man bei Oma Schwarzwald krank wird, geht sie beim ersten Licht hinaus in den Wald und pflückt

pflückt Kräuter, von denen man gesund wird. Es schmeckt schlimm. Aber man wird gesund.

Papa sagt, Oma Schwarzwald und Oma Baumann leben auf zwei Planeten, die weiter voneinander entfernt nicht sein könnten. Die eine fährt im offenen Wagen durch die Großstadt, und die andere geht zu Fuß in den Wald, weil sie ja nur wenige Schritte braucht, um zwischen Tannen und Buchen ihr Glück zu finden. Ich mag beide. Aber bei Oma Schwarzwald ist alles anders. Es ist still. So still, dass man den Schnee fallen hören kann. In ihrem Haus riecht es gut. Es riecht nach Holz, und wenn man die Fenster öffnet, riecht es nach Kiefernnadeln und Harz und ein bisschen auch nach Bach, der nur wenige Schritte hinter dem Garten hinab ins Tal fließt. Jetzt natürlich nicht, jetzt ist er zugefroren und wartet unter viel Schnee auf den Frühling.

Oma Schwarzwald hat nicht viele Dinge, und wenn Mama ihr etwas bringt, schüttelt sie den Kopf und sagt, du sollst doch nicht, ich habe doch alles. Aber Mama findet, sie braucht im Winter neue Hausschuhe und Wolldecken und im Sommer neue Gartenscheren und Gießkannen. Oma Schwarzwald, die ja wie ich Franziska heißt, hat neben dem Haus einen Stall, aber da wohnen keine Tiere mehr. Früher, sagt Oma Schwarzwald, als eure Mama ein kleines Mädchen war, lebten Kuh, Ochs und Esel mit uns, und dann schnalzt sie mit der Zunge und schüttelt den Kopf und macht dieses Geräusch, das klingt wie tse-tse-tse, als könne sie sich selbst kaum noch vorstellen, dass Mama einmal ein Mädchen war und sie hier mit Ochs und Esel gelebt haben.

Fred und ich schlafen im kleinen Zimmer neben der Küche, in rot-weiß-karierter Bettwäsche, unter einem Holzkreuz. Tannenzweige hat Oma Schwarzwald zusammengebunden und um eine leuchtend rote Kerze gewickelt. Hübsch sieht das aus. Oma Schwarzwald sagt, Weihnachten geschieht im Herzen und nicht auf dem Gabentisch, und einen Baum will sie nicht schlagen, nicht einmal für uns. Sie meint, die Bäume gehören in den Wald und nicht ins gute Zimmer, auch nicht an Heiligabend, und Mama setzt schon an zum Streiten, aber Fred verzieht keine Miene, als hätte er hier und heute plötzlich vergessen, dass Weihnachten ohne Baum für uns nicht Weihnachten ist. Also verziehe auch ich keine Miene. Nicht wegen des Baums und nicht wegen des Karpfens, der im Stall in einer Wanne schwimmt. Horsti hat ihn gestern aus einer durchsichtigen Tüte ins Wasser gleiten lassen. Wenn wir uns nicht durch den Schnee jagen, sitzen Fred und ich davor und schauen dem Karpfen beim Schwimmen zu. Keinen Bissen werden wir essen, wenn Oma es wirklich wagt, ihn totzuschlagen. Nicht einen Bissen, haben wir uns geschworen. Oma Schwarzwald kann solche Dinge. Sie kann Hühner töten und Fische. Sie sagt, das muss ein Mensch können, sonst hat er es nicht verdient zu essen.

Mama hat also wegen des Baums nicht gestritten, seit gestern Abend hat sie sowieso wenig gesagt. Sie sitzt an den Ofen gelehnt und glaubt, das Baby kommt nun doch früher, wegen des Feuers und der Reise wird es sich so aufgeregt haben, glaubt sie, dass es schon jetzt kommen will. Zum ersten Mal tut mir das Baby leid, weil es sich ausgerechnet Heiligabend ausgesucht hat und deshalb später nur einmal im Jahr Geschenke kriegen wird, weil sein Geburtstag und Heiligabend auf einen Tag fallen. Aber ich sage lieber nichts, damit Mama nicht wütend wird, weil wir an Weihnachten nur an Geschenke denken, als hätten wir vergessen, was wir wirklich feiern, und warum wir uns überhaupt beschenken. Da redet sie dann fast ein bisschen wie Oma Schwarzwald.

Heute Morgen, als ich in die Küche kam, hat sie erst mit Papa telefoniert und dann mit Horsti. Horsti wartet nur darauf, dass Mama sich wieder meldet. Er hat gesagt, er geht nicht weg vom Telefon.

Er bleibt den ganzen Tag vor dem Telefon sitzen und wartet, bis Mama sich wieder meldet. Am frühen Nachmittag steht sein roter Lieferwagen oben am Feldweg. Mit laufendem Motor. Horsti ruft, er hat Angst, der Wagen wird nicht mehr anspringen, wenn er jetzt den Motor abstellt. Mama hält Fred und mich fest, steckt ihre Nase in unser Haar und flüstert, frohe Weihnachten, meine großen Kinder, frohe Weihnachten, und ich habe plötzlich so ein Gefühl, als könnte ich sie nicht loslassen. Aber dann stapft sie den Pfad doch langsam hoch und steigt ein. Wir schauen ihnen nach, bis der weiße Schnee den roten Wagen schluckt. Papa ist schon auf dem Weg zu uns, sagt Oma Schwarzwald, schiebt uns ins Haus und gießt in die Weihnachtstassen mit dem tannengrünen Rand heißen Tee mit Honig.

Wir binden Sterne aus Stroh, die wir Mama und Papa schenken wollen. Das ist eine gute Beschäftigung, sagt Oma Schwarzwald, gerade wenn man auf ein Baby wartet, das an Heiligabend zur Welt kommt, ist das eine ausgezeichnete Beschäftigung, sagt sie so leise, als sei das Baby schon da und sie dürfte es nicht wecken.

Als Mama am Abend mit dem Knäuel im Arm aus dem Wagen steigt, legt Oma Schwarzwald die Hände vor der Brust zusammen, senkt den Kopf und küsst das Baby auf die Stirn. Mama kriegt einen langen Kuss auf die Wange, und dann verschwindet Oma Schwarzwald hinterm Haus. Das Baby braucht einen Baum, ruft sie und klingt dabei so fröhlich wie selten. Ausgerechnet das Baby, das kaum die Augen aufmacht! Jetzt, da Fred und ich es gern angelächelt hätten. Wo es uns so reich beschert hat, ruft Oma Schwarzwald, soll es auch von uns beschenkt werden. Einen kleinen Baum schlägt sie, nur ein bisschen größer als ich, den sie durch den tiefen Schnee bis zum Stall zieht und dort aufstellt. Mama meint, also noch ein Baby wird sie an Weihnachten bestimmt nicht mehr kriegen, und deshalb sollen wir dieses eine Mal, wo ja sowieso alles anders ist, auch anders feiern. Hier im Stall sollen wir warten, bis Papa da ist.

Joseph wird das Baby heißen, obwohl Mama und Papa zuhause immer über andere Namen gesprochen haben.

Ein Sepp also, hat Papa am Telefon gesagt und losgelacht, ein Schwarzwaldsepp, und jetzt, da Mama es erzählt, müssen wir alle lachen, auch Horsti und Oma Schwarzwald, obwohl beide nie viel lachen. Wir sitzen und warten und singen. Oma Schwarzwald kann vielleicht singen! Sie braucht kein Liederbuch. Alle Lieder kennt sie auswendig, und Horsti, Fred und ich, wir singen mit ihr. Maria durch ein Dornwald ging, Wir haben seinen Stern gesehen. Und Gloria in excelsis Deo, mein liebstes Weihnachtslied, weil man das Glo-o-o-o-o-o-ri-a so laut singen darf, wie man nur kann. Nur Mama singt nicht. Sie kann heute nicht singen, sagt sie. Sie sagt, sie ist zu glücklich dafür.

Als Oma mit der Axt in den Wald gelaufen ist, hat Mama eine Weile draußen gestanden, allein mit dem Babyknäuel unter dem Schwarzwaldhimmel, der heute Abend so hell leuchtet, dass man denken könnte, jemand habe dort oben Lichter und Lampen aufgesteckt. Horsti hat derweil mit Fred und mir ein Feuer gemacht, obwohl Mama gejammert hat, bitte kein Feuer, von Bränden habe sie für alle Zeit genug. Aber Horsti hat erwidert, es hat doch etwas Gutes, sonst wäret ihr jetzt gar nicht hier, und er hat recht, dann wären wir jetzt nicht bei Oma Schwarzwald.

Das Feuer knistert und knackt, und noch immer schwimmt der Karpfen in seiner Wanne, schlagt mit der Schwanzflosse ans Blech, und Fred und ich stecken die Hände ins Wasser, bis er nach uns schnappt. Draußen rollt ein Wagen heran. Langsam durch den hohen Schnee.

Papa ist es, er ruft und ruft und hört gar nicht auf zu rufen, als habe er sich im finsteren Wald verlaufen und fände allein nicht mehr heraus: Wo ist mein Fred, mein Sepp? Wo meine Franzi? Und dann laufen wir zu ihm, Fred und ich, werfen uns an Papa, und führen ihn zu Mama, die das Baby in den Armen hält. Papa sagt nichts. Nichts sagt er. Er nickt nur, als könne er nicht mehr sprechen. Aber singen kann er noch, das ist doch komisch. Stille Nacht singt er. Heilige Nacht. Gottes Sohn, o wie lacht. Aber leise. Sehr leise singt er. Damit er das Baby nicht stört.

Arnd Brummer

Deo oder leichte Erziehung

Der Fremde im dunkelblauen Mantel stand schon eine kleine Weile im Schulsekretariat. Frau Paulsen, die Sekretärin, wusste, dass er da war, aber sie hatte zu telefonieren und schaute deshalb konsequent an seiner linken Schulter vorbei in die Ferne. Als sie aufgelegt hatte, wandte sie sich ihm zu. „Worum handelt es sich?", fragte sie unpersönlich, wie sie es für ihre amtliche Pflicht hielt.

„Ich suche Sinn", antwortete der Fremde und versuchte, ihr in die Augen zu sehen. „Wie alt? Mädchen oder Junge?" Ohne seine Reaktion abzuwarten, hatte sie bereits das Programm mit dem Schülerverzeichnis aufgerufen. „Als Nachnamen haben wir das gar nicht. Ausländischer Vorname? Wie schreibt sich das? Cin, Sim, Sin?" Als sie nichts hörte, blickte sie auf. Der Fremde war verschwunden. Komisch, dachte Frau Paulsen, sie hatte nicht mal das Türschloss klicken gehört. „Die Leute heute", murmelte sie, zuckte die Achseln und rief ihre Freundin an. „Geht klar mit dem Lunch. Um eins im Café Reiter."

In der Polizeiwache 11 am Schillerplatz sah Hauptmeister Thimm den Fremden auf dem Überwachungsmonitor vor der Sicherheitstür warten. Er betätigte den Summer der Türanlage und ließ ihn rein. „Ja", sagte er knapp und vermaß den Mann mit geübtem Auge: etwa ein Meter achtzig, 30 bis 40 Jahre alt, dunkelbraune Haare, schlank, grünbraune Augen, schmale Nase. „Ich suche Sinn", gab die Person an. „Seit wann vermissen sie ihn?", fragte Thimm zurück. „Um wen oder was handelt es sich? Gegenstand, Haustier, menschliches Subjekt?"

Während er das Formular für die Suchanzeige unter dem Tresen suchte, fragte sich der Hauptmeister, wie man die Leute dazu erziehen könnte, endlich sachdienliche, ordentliche Angaben zu machen. Etwa: Ich vermisse seit drei Tagen meinen Hund oder Kater oder Sohn . . . und so weiter. Als Thimm aus der Hocke hochkam, war der Besucher verschwunden. Thimm sah auf den Monitor, wählte die Kamera „Flur I" – gähnend leer, der Flur. Dann „Haupteingang II" – niemand zu sehen. „Toilette M", „Toilette W" – Fehlanzeige. Zur Sicherheit schaute er noch mal unter den Tresen und unter den Schreibtisch. Niemand. Er beschloss, kein Protokoll zu schreiben. Warum sollte er einen Fall schaffen, bei dem nur einer schlecht aussah: Hauptmeister Thimm? Auf keinen Fall!

Pastorin Schmidtke sah den Mann vom Fenster ihres Arbeitszimmers aus den Plattenweg zum Pfarrhaus beschreiten. Bevor er klingeln konnte, hatte sie die Haustür geöffnet. Sah gut aus, der Mann. „Wie kann ich helfen?" Sie begleitete die Frage mit dem seelsorgerlichsten Lächeln, das ihr zur Verfügung stand. „Ich suche Sinn", sagte der Dunkelhaarige leise. „Das ist gut. Da sind Sie hier richtig. Warten Sie einen Augenblick." Carmen Schmidtke holte aus ihrem Büro ein Heftchen und überreichte es dem Gast.

„Da steht alles drin, alle unsere Angebote in der Thomas-Gemeinde. Da zum Beispiel: 18.30 Uhr, Bibel-Gesprächskreis. Das ist heute Abend. Sie sind herzlich eingeladen. Oder hier: Morgen, 20 Uhr, Vernissage mit Bildern von Martin Ölberger aus unserem Kirchen-vorstand. Oder Mittwoch: 19 Uhr, ‚Die spirituellen Tänze der Sioux' mit Silke Nass. Frau Nass hat ein halbes Jahr mit ihrem Mann in New York gelebt. Das ist eher was für Frauen. Und am Sonntag natürlich: 10 Uhr, Gottesdienst, Themengottesdienst ‚Uhren', mein Kollege Winterholl predigt, sehr interessant. Ja, also Sie sind herzlich will-kommen in der Thomaskirche." Als sie die rechte Hand ausfuhr, um dem Fremden das Heftchen zu überreichen, war der Mann verschwunden, wie vom Erdboden ver-schluckt. War doch gar nicht so spät gestern?, fragte sich Carmen Schmidtke. Dann sah sie auf ihre Swatch. Halb vier, oh Gott, ich muss rüber zu den Konfirmanden, sonst verwüsten die den Gemeindesaal. Schräger Typ, ging es ihr durch den Kopf, wird wohl nicht wiederkommen.

Gegen acht gongte es im Paris-Club. „Kundschaft, meine Süßen", trällerte Martina Noske, die man hier nur als „Bonnie" kannte. Als sie auf den Gang trat, blieben alle anderen Türen zu den Salons geschlossen. Alle Kolleginnen bei der Arbeit. Im großen Spiegel prüfte

Bonnie kurz ihr Outfit. String, Stiefel, Make-up – perfekt.
Der Fremde sah gut aus und kam sofort mit zur Sitzecke
für ein persönliches Beratungsgespräch. Bonnie bot Wasser und Kaffee an. „Also, mein Liebling, was wünschst
du dir?" – „Ich suche Sinn", sagte der Mann und blickte
ihr ins Gesicht. „Also: Ich mache Verkehr, französisch,
auch beidseitig, spanisch, wenn gewünscht englisch –
aber nur leichte Erziehung, eine halbe Stunde 80, eine
Stunde 150, Rollenspiele gegen Aufpreis und für einen
50er extra eventuell griechisch, wenn er nicht zu groß
ist." Bonnie stand auf und stöckelte zur Nasszelle. „Du
kannst ja überlegen, was wir miteinander spielen. Ich
gehe mich solange frisch machen. Das Geld kannst du
auf das Nachttischchen legen, deine Kleider auf den roten
Stuhl", flötete sie geschäftsmäßig, was in ihrem Job nun
mal Standard war. Als Bonnie zurückkam, war der Typ
weg. Grußlos. Sie kontrollierte ihre Sachen. Wenigstens
kein Dieb. Sie dankte der Mutter Maria. Gut, dass er weg
war, wirkte doch ein bisschen wie ein Perverser. Und ihr
Pfefferspray war über das Haltbarkeitsdatum hinaus.

In der Buchhandlung Watzmann sprach der Fremde
die Praktikantin Yvonne Maaß an. „Sinn", kombinierte
sie blitzschnell, „das ist Philosophie, Theologie, Geistes-
wissenschaften, erster Stock, die Regale links von den
Kochbüchern. Sie können aber auch mal bei Politik
und Wirtschaft schauen, Erdgeschoss, links hinter den
Romanen." Sie war stolz, wie sie das nach drei Monaten
draufhatte, besser als manche von den alten Watzmän-

nern und -frauen hier. „Kann ich sonst noch was für Sie tun?" Aber der Fremde war schon weg. Wenn er sich nicht zurechtfand, oben saß ja noch jemand, den er fragen konnte.

In der Parfümerie Händel wusste Inge Röbel sofort, was der Mann wollte und dass es nicht das war, was er gesagt hatte. „Sie meinen Mystère!" Die Männer konnten sich einfach die Namen der Parfüms nicht merken, da hatten sie ein Loch im Hirn. „Mystère, das Deo – Roller oder Spray –, das Parfüm, Eau de Toilette. Wir haben das auch als Paket für die Dame jetzt gerade als Weihnachts-angebot. Wird gern genommen. 258 und ein Give-away. Sie sparen etwa 60 Euro." Mystère! Plötzlich war der Mann weg. Nur sein fremder Duft wehte noch an Inge Röbels Nase vorbei. Den gab es hier nicht, weder als Deo noch als Aftershave. Das wusste sie als Fachverkäuferin ganz genau. Vielleicht ein Ami, die mochten es kräftig süß.

„Das muss in der Nähe von der Lessingstraße sein", vermutete Busfahrer Friedrich, „steigen Sie ein. Da fahren wir hin. Kurzstrecke. Das macht eins fuffzich." Weg war der Typ. „Komiker!", brummte Friedrich, schloss die Türen und fuhr an.

Als der Fremde vor Alster-Freddi, Biene Maja und Knochen-Kurt stehen blieb und nach Sinn fragte, war es das erste Mal seit mindestens zwei Tagen, dass so ein Lackheini sie ansprach. „Den suchen wir auch", gluckste Knochen-Kurt. „Willste ein Astra? Du kannst uns aber auch einladen. Biene holt uns dann was." Der Mann zog seinen Mantel aus, gab ihn Freddi und hatte sich auch schon in Luft aufgelöst. „Fata Morgana", piepste Biene. „Nee", sagte Freddi und prüfte den Mantel, „der ist echt, teures Stück. Da muss erst mal bisschen Bier drüber und Dreck. Sonst glauben die Bullen, ich hätte ihn geklaut. Und hier!" Freddi hatte die Taschen umgedreht. „Ein Fuffi! Ich glaub's nich, Alter!" Und Kurt posaunte im Kaiserton: „Ja is denn scho Weihnachten?"

Malte, Laura, Knörzel und Mehmet spielten hinten bei den Garagen Fußball. Als der Mann sie ansprach, schauten sie misstrauisch. „Wir sollen doch nicht mit fremden Erwachsenen reden", flüsterte Laura Knörzel ins Ohr. Aber Knörzel gefiel der Herr im grauen Anzug. „Spiel einfach mit", schlug er vor. „Du kannst ins Tor." Der Fremde nickte, zog das Jackett aus und fragte: „Wie steht's?" – „Null-null", meinte Knörzel, „wir fangen neu an. Malte und Laura gegen Mehmet und mich." Sie spielten sicher eine Stunde, bis es dunkel wurde. Dann mussten die Kids nach Hause. „Kommst du morgen wieder?", fragte Laura. „Alle Jahre wieder", sagte der Fremde und winkte den vieren hinterher.

Kerstin Klamroth

Lametta

„Lametta", sagte meine Schwiegermutter und hielt die Schachtel mit den silbernen Fäden unschlüssig in der Hand. Es war nicht sicher, ob sie ein Frage- oder Ausrufezeichen hinter dieses eine Wort setzte, aber ich hätte alarmiert sein müssen, damals schon. Sie stand vor dem noch kahlen Weihnachtsbaum, vor sich den Karton mit Strohsternen und Glaskugeln, und schaute mich vorwurfsvoll an. Ich hielt ihrem Blick stand und blies vorsichtig den Staub von einem kleinen metallenen Karussell mit Engelein, angetrieben durch ein Teelicht. In meiner Familie nannten es alle das Ping-Ding, weil es jedes Mal Ping machte, wenn die Engelein mit ihren Flügeln einen kleinen Gong streiften. Es war der Heilige Abend, am Vormittag. Wir standen in meinem Wohnzimmer wie Charles Bronson und Henry Fonda, meine Schwiegermutter und ich, minutenlang passierte nichts.

„Lametta haben wir nie genommen!", sagte meine Schwiegermutter dann, und sie betonte das „nie", als würde es sich um eine Ungehörigkeit handeln, „es ist doch viel schöner, wenn der Baum natürlich aussieht!"

Sie fuhr mit der Hand an den Nadeln der Tanne entlang, als wollte sie die Äste liebkosen.

Ich bin ein toleranter, offener und liebenswürdiger Mensch, durchaus zu haben für modische Experimente, aber in puncto Weihnachtsschmuck habe ich nun mal eher traditionelle Vorlieben. Und daran würde auch meine Schwiegermutter nichts ändern. Ich holte also tief Luft und sagte: „Der Niedergang des Lamettas ist Ausdruck für die Entwurzelung des Menschen im Zeitalter der Globalisierung." Hugh. Wozu hatte man schließlich Germanistik studiert.

„Quatsch", sagte meine Schwiegermutter und angelte andächtig einen Strohstern aus der Kiste. Sie schob das Kinn nach vorne und ein bisschen höher, so wie sie es immer tat, wenn sie mit einer Sache nicht einverstanden war. „Lametta ist giftig, das weiß doch jeder. Es enthält Blei. Man darf es noch nicht einmal im normalen Müll entsorgen."

„Will ich ja auch gar nicht!", fauchte ich zurück und ich hätte bestimmt noch mehr gesagt, wenn mein Mann, der die Lage intuitiv erfasst hatte, nicht die Diskussion mit der Musik von „Weihnacht in den Bergen" erstickt hätte, so ein Almhüttengesang mit Zither-Gedudel, den meine Schwiegermutter traditionell an Weihnachten aufzulegen pflegte. Die Sache mit dem Lametta blieb also ungeklärt, genauso wie die mit dem Heringssalat, der bei uns an Heiligabend immer auf den Tisch kommt, während es bei meinen Schwiegereltern da schon immer Gans gab.

Dann kam das Kind.

Selbstverständlich brauchen Kinder Lametta am Weihnachtsbaum, weil es so schön glitzert, und Ping-Dinger und Heringssalat an Heiligabend, und das Wohnzimmer muss abgeschlossen sein und ein kleines Glöckchen muss klingeln, wenn das Christkind die Geschenke gebracht hat, und mit Weihnacht in den Bergen können sie gar nichts anfangen, weil sie in Hamburg den bayerischen Dialekt nicht verstehen und Zithermusik schon pränatal nicht mochten.

„Eine Krippe fehlt", sagte meine Schwiegermutter. Sie ist im Gegensatz zu mir katholisch.

Ich habe nichts gegen Krippen. Mein Vater hat uns mal Maria und Josef und das Jesuskind mit einer Laubsäge ausgesägt, sie kippten immer um unter dem Weihnachtsbaum, ihre Stellfläche war zu klein, also haben wir Mädchen sie dann nicht mehr aufgestellt. Aber Weihnachten ist ein Fest der Liebe und so kaufte ich einen Ostheimer-Esel aus Holz, auf dem Maria ritt, jeden Tag ein bisschen weiter, dem Ping-Ding entgegen, und wir machten aus Lametta Stroh, mein Sohn und ich.

Kurz vor Weihnachten kam ein sehr großes Paket an, so schwer, dass es mir der Postbote ins Haus hineintragen musste. Aus Tüchern und Zeitungspapier gruben wir eine Krippe aus, mit Strohdach und künstlichem Moos und Figuren, so lang wie ein Unterarm, aus Gips. Sie waren bunt bemalt, zum Teil vergoldet und sahen sehr wertvoll aus, die Könige und das Kamel, die kleine heilige Familie und die Tiere im Stall, noch ein Esel und ein Ochse.

Das Telefon klingelte. „Jugendstil!", sagte meine Schwiegermutter. Sie klang begeistert. „Besonders wertvoll. Ich habe sie von einem befreundeten Antiquar erworben."

Bevor ich sie fragen konnte, wie ich einem Vierjährigen erkläre, was Jugendstil bedeutet, war das gipserne Jesuskind von einer Kanonenkugel getroffen worden. Danach stürzte ein Starfighter auf das Krippendach und das Kamel wurde von einem Panzer überfahren. Mein Sohn strahlte. „Das sind die Stärkeren", sagte er und verwies auf eine Armada von Playmobil-Männchen, He-Männern und wilden Schleich-Tieren, die sich auf den Weg nach Bethlehem gemacht hatten.

Im nächsten Jahr stand die Krippe zu Weihnachten hoch oben auf der Kommode, da, wo eigentlich das Ping-Ding seinen Platz hatte. Zwar kam im Advent kein großes Paket mehr an, dafür aber viele kleine, immer adressiert an meinen Sohn, der fröhlich aus den von Oma expedierten Sendungen Schokolade auspackte und darunter schmiedeeiserne Christbaum-Anhänger fand, von der Sorte, wie man sie in München auf dem Viktualienmarkt findet. Sie passten hervorragend zu „Weihnacht in den Bergen", aber überhaupt nicht zu Lametta.

Ich wehrte mich mit einem Engelsorchester, Bläser und Streicher mit grünen Flügeln und weißem Kleidchen, die schon meine Großmutter aus dem Erzgebirge mitgebracht und in der Adventszeit auf ihrem Sekretär aufgestellt hatte. Längst waren meine Freundinnen eingeweiht, sie schleppten Engel um Engel ins Haus, bis sich die Musiker, etwa 100 an der Zahl, auf ihrem blauen Podest eindrucksvoll drängelten. Meine Schwiegermutter rüstete nach mit Räuchermännchen, auch aus dem Erzgebirge, in deren Bauch kleine Rauchkegel steckten mit Fichtennadelduft. Ein Polizist, ein Bauer und ein Bürgermeister marschierten auf und reihten sich um eine riesige Holzpyramide, die Oma „zufällig" auch noch im Erzgebirgler-Laden gefunden hatte.

„Genau dein Geschmack", sagte meine Schwiegermutter. Sie hatte an Heiligabend die Gans zubereitet und war in fröhlicher Stimmung.

Im Jahr darauf mussten wir allerdings den Teller mit dem Heringssalat auf den Knien balancieren, denn auf dem Esstisch fuhr Santa Claus in einer riesigen Kutsche, die von einem Rentier gezogen wurde. Mein Sohn und mein Mann hatten ihn vom Adventseinkauf im Möbelmarkt mitgebracht. Und nicht nur ihn.

Vor dem Wohnzimmerfenster baumelte ein Nikolaus, der versuchte, das Dach zu erklimmen, und Lichterketten rankten sich um die Topfpflanzen. Auf dem Fußboden wackelte ein Weihnachtsmann umher, den unser Sohn aufgezogen hatte, damit er Jingle-Bells sang und dafür von einem Rammbock erledigt wurde, der aus der Playmobil-Ritterburg stammte. Die Engel auf der Kommode und die Gips-Maria schauten ungerührt zu.

Nach dem O-du-fröhliche im Gottesdienst bot mir meine Schwiegermutter Waffenstillstand an. Ein paar kleine Weihnachtskugeln mit Federn habe ich noch heimlich an den Baum gehängt, dafür musste im Morgengrauen irgendwie ein rotes Christkind aus Wachs an die Spitze der Tanne geklettert sein.

Aber danach war Friede auf Erden.

Bärbel Reetz

Nächstes Jahr bei uns

„Und nächstes Jahr bei uns", sagten sie, hauchten Küsschen rechts, Küsschen links, winkten noch einmal, bevor sie lachend im Fahrstuhl verschwanden. Das versprachen sie jedes Jahr, wenn sie gänsebratensatt und angeheitert in die Weihnachtsnacht davonzogen, die Freunde. Und Jens fügte mit schwerer Zunge ein träges „Ich geh schlafen" hinzu und verschwand. Jens, mein – ja, was war Jens? –, mein, wie sich nach dem Weihnachtsfest bald herausstellen sollte, Lebensabschnittspartner. Ein grässliches Wort, obwohl es sehr genau den Sachverhalt ausdrückt: ein Partner, nicht fürs ganze Leben, sondern nur für einen Abschnitt.

Ich hatte das, als wir zusammengezogen waren, anders gesehen, wollte heiraten, aber Jens meinte, auf Konventionen verzichten zu können. „Wir sind doch so gut wie", sagte er, ohne das Schreckenswort auszusprechen: verheiratet. Aus seinem Mund hätte es ohnehin geklungen wie verhaftet, was für einen Strafverteidiger auch ein Unwort ist. Haftverschonung, Hafterleichterung, Freispruch waren seine anwaltlichen Ziele und sein privates Credo: so gut wie. Als Haftrichterin hätte ich Einwände vorbringen, mit ihm diskutieren können, als Frau an seiner Seite wagte ich es nicht, denn Streit mied ich seit Kinderzeiten. Damals ängstigten mich das nächtliche Gebrüll und die gelegentlichen Schlägereien in der Schankstube des elterlichen Gasthofs, vor denen ich mir im Bett die Ohren zuhielt. In der Schule und auf dem Sportplatz versuchte ich Streit zu schlichten, zu vermitteln, herauszufinden, wer Recht hatte. Und so war niemand im Dorf erstaunt, als ich in die Stadt zog, um Jura zu studieren.

Zuerst in Freiburg. Nah genug beim Gasthof, um zu Ostern, Weihnachten und bei Hochzeiten in der Küche und im Service helfen zu können. Erst als ich nach Berlin gezogen war, hatten die Eltern einsehen müssen, dass jetzt Schluss war mit der Gastwirts- und Saaltochter. Und dort, auf dem Parkplatz des Landgerichts in Mitte, hatte eines Tages ein Cabrio meinen Wagen blockiert. Wütend, nicht wegfahren zu können, wollte ich zum Gebäude zurücklaufen, aber da kam er mir schon entgegen, den Talar über dem Arm, munter „Tschuldigung" rufend: Jens. Der Mann mit dem unwiderstehlichen Lachen und den dunklen, krausen Haaren, die meine Mutter beim Besuch im Dorf zum Ausspruch „krause Haare, krauser Sinn", veranlasst hatten, einem dieser Sprüche, die sie Lebensweisheiten nannte. Aber seinem Charme hatte auch sie sich nicht entziehen können.

Ich streifte meine Hackenschuhe ab und trottete auf Strümpfen vom Flur ins Esszimmer, blieb am Kopfende der langen Tafel stehen, die ich nachmittags in festlichem Weiß und Silber gedeckt hatte. Dazu Leuchter mit roten Kerzen, Ilexzweige mit roten Beeren. Die Speisefolge sagte ich an, wenn ich aus der Küche kam, um aufzutragen. Aber wenn einer anmerkte: „Ganz die Gastwirtstochter", empfand ich das nicht als Lob, sondern wie eine Herabsetzung.

Ich ließ mich auf einen Stuhl fallen, bewegte die schmerzenden Zehen und betrachtete das, was vom Essen übrig geblieben war: schmutzige Teller, halbvolle Gläser, herumliegendes Besteck, Flaschen zwischen Ilexzweigen, heruntergebrannte Kerzen, achtlos hingeworfene Servietten samt bekleckertem Tischtuch, an denen die einzelnen Gänge von den Vorgerichten über den Gänsebraten bis zu Dessert und Espresso abzulesen waren. Erschöpft langte ich nach der Schnapsflasche – Kirschwasser von daheim –, trank, wischte mir die brennenden Lippen und begann, den Tisch abzuräumen. Ich löschte die letzten Kerzen und öffnete die Fenster. Sehr fern meinte ich schrilles Frauenlachen und die Stimmen der Freunde zu hören, die sich im Dunkel der Straße verloren.

Ich band eine Schürze um und mein Haar im Nacken zusammen, füllte den Mülleimer mit Gänseknochen und Speiseresten, belud den Geschirrspüler und schaltete ihn an. Routine. Eingeübt in vielen Weihnachtsnächten daheim, wenn die Mutter die geschwollenen Füße hochlegte und erleichtert seufzte, dass die Schlacht geschlagen war. Gemeinsam geschlagen. Das heutige Schlachtfeld zu räumen, war jedoch an mir hängengeblieben. In den ersten gemeinsamen Jahren hatte Jens geholfen, den Tisch abzuräumen, und dabei über unsere Gäste gelästert. Darin war er ein Meister: Menschen treffend-witzig zu karikieren, zu kritisieren. Auch seine Freunde, denn nur die wurden zum Weihnachtsessen eingeladen: die Kollegen aus der Kanzlei, sein Tennispartner und die Bootscrew vom Wannsee. Sie kamen mit „Anhang", der bei einigen Männern von Jahr zu Jahr wechselte.

Bernd hatte dieses Mal eine aparte Rothaarige mitgebracht, sehr schlank, sehr elegant, sehr ironisch. Tolle Frau, hatte Jens gemurmelt, ihr immer wieder zugetrunken und sie – aber vielleicht bildete ich mir das auch nur ein – beim Abschied besonders intensiv umarmt. Der Gedanke daran ärgerte mich. Ich holte die Tischdecken und die Servietten aus dem Esszimmer, stopfte sie in die Waschmaschine, knallte die Tür zu. Sollte Jens davon wach geworden sein, wäre es mir recht gewesen. Los, steh auf und hilf mir!, hätte ich sagen wollen, aber er lag ausgestreckt auf dem Rücken und schnarchte mit halb offenem Mund.

Am nächsten Tag packten wir die Koffer, um unsere alljährlichen Endjahres-Reisen anzutreten: Jens flog mit den Wannsee-Freunden gen Süden, um zu segeln, ich fuhr nach Gargellen zum Skilaufen. Das hatten wir schon während unserer Single-Zeit so gemacht und beibehalten. Ich konnte nicht segeln, er nicht Ski laufen. Er kam von der Küste (Salzkartoffeln und Grünkohl zu Gans) und ich aus dem Schwarzwald (Gans mit Klößen, Rotkraut und Maronen).

Gut erholt begannen wir das neue Jahr. Mit viel Arbeit. Vermutlich war das auch der Grund, dass mir erst Mitte Februar auffiel, dass Jens oft das Zimmer verließ, wenn sein Handy klingelte, dass er häufiger abends Termine hatte, auch am Wochenende in die Kanzlei ging, um ungestört arbeiten zu können. Als ob ich ihn jemals gestört hätte! Ich wurde misstrauisch, verbot mir jedoch, ihm nachzuspionieren, und tröstete mich damit, dass er nach der Rückkehr vom Segeln leidenschaftlicher mit mir schlief als zuvor. Aber es fühlte sich anders an, so als teilte ich mit einem Unbekannten das Bett. Oder als meinte er nicht mich, sondern eine andere. Verunsichert schnupperte ich an seinen Hemden, den Jacketts, quälte mich mit der Frage nach einem fremden Duft.

Als ich ihn zu Ostern in den Jacht-Club begleitete, wo die Freunde ihre Boote startklar gemacht, zu Wasser gelassen und auf den Beginn der Segelsaison angestoßen hatten, sah ich plötzlich bestätigt, was ich vermutet, aber verdrängt hatte: Jens und die Rothaarige waren ein Paar. „Hast du das nicht gewusst?", fragten die Kollegen mitleidig. „Hast du nichts gemerkt?", fragte meine Freundin, die Staatsanwältin, die nach ihrer Scheidung ein geschärftes Auge für Affären hatte. „Nein", sagte ich und begann zu weinen, aus Schmerz, Enttäuschung und Selbstmitleid. Ich weinte und konnte nicht aufhören.

„Stell ihn zur Rede", riet die Freundin, in deren Haus ich die Nacht verbrachte.

Und dann ging alles ganz schnell. Jens schien erleichtert, sein Doppelleben aufgeben zu können. Ja, er liebt sie und will zu ihr ziehen, nein, er will die Wohnung nicht haben. „Keine Formalitäten", sagte er. „Keine", bestätigte ich, „wir sind ja nur so gut wie", und setzte mich ins Auto, fuhr los, ohne zu wissen wohin.

Seine Sachen packte er, während ich im Gericht war. Plötzlich gähnte viel Platz im Schrank, den leeren Schubladen. Meine Zahnbürste steckte allein im Glas. „Bist du nicht erleichtert?", fragte die Staatsanwältin. „Genieß deine Freiheit", riet eine Freundin. Ich zuckte die Achseln und war dankbar, dafür, dass mich die Kollegen bei der Prozessplanung davor schützten, Jens in einer Verhandlung gegenübersitzen zu müssen. Manchmal sah ich ihn, wenn er die Treppen im Gericht hocheilte, Akten unter und den Talar über dem Arm, oder auf dem Flur im Gespräch mit einem Mandanten. Wir grüßten mit Kopfnicken, sprachen jedoch nicht miteinander. Ich mied Restaurants, in denen wir gegessen hatten, sah ihn einmal in der Oper mit der Rothaarigen. Sie trug ein enges algengrünes Kleid, und ich versteckte erschrocken mein Gesicht hinter dem Programm. Aber die Stadt, so schien es, war groß genug, sich aus dem Weg zu gehen.

Die Monate vergingen schnell. Die Kränkung verging langsam. Ich traf meine Freundinnen, seine Freunde sah ich nicht mehr. Die Wohnung hatte ich umgeräumt, ein

Schlafsofa gekauft und in mein Arbeitszimmer gestellt. Das Bett blieb leer. Doch als der November zu Ende ging und die Weihnachtsmarkt-Buden aufgebaut wurden, begannen alle von ihren Feiertagsplänen zu reden. Erster Advent. Tannengrün, Glitzern, wohin man schaute. Es roch nach Glühwein und gebrannten Mandeln. Kling, Glöckchen dudelte es, White Christmas. In der Eingangshalle des Gerichts leuchtete mir der große Tannenbaum entgegen. Es war die Zeit, Plätzchen zu backen, die Gans beim Bauern abzuholen und das Weihnachtsessen zu planen. Ich versuchte, nicht an Weihnachten zu denken. Arbeitete viel. Sagte mir, dass ich froh sein sollte, den Stress mit dem Einkaufen und Kochen nicht mehr zu haben. Nicht wieder „nächstes Jahr bei uns" hören zu müssen, ein Versprechen, das keiner unserer Weihnachtsgäste je eingelöste hatte. Aber was tun zum Fest?

Mein Vater war tot, der Gasthof verkauft und meine Mutter lebte beim Bruder und seiner Familie in Freiburg. Er hatte allem entsprochen, was die Eltern erwarteten: Lehramtsstudium, Beamtenstelle am Gymnasium, Heirat mit einer Kollegin, zwei Kinder, Einfamilienhaus. Dass er den Gasthof nicht wollte, hatte meine Mutter verstanden, die Brennrechte, die zum Anwesen gehörten, hatten wir jedoch nicht aufgegeben. Und so erstellte mein Bruder nicht nur die Stundenpläne an seiner Schule, sondern brannte auch einen Obstler, der von Jahr zu Jahr besser wurde. Die kleine Holzkiste mit je einer Flasche Birnen- und Zwetschgengeist, mit Kirschwasser und einem neu entwickelten Apfelschnaps (nach Meinung des Bruders so gut wie Calvados) war bereits eingetroffen. Fröhliche Weihnachten Euch beiden, stand auf der beigelegten Karte, denn von den Veränderungen in meinem Leben wussten sie nichts. Ich verspürte keine Neigung, die Familie zu den Feiertagen zu besuchen, das Scheitern meiner Beziehung zu gestehen, mich – wie so oft – rechtfertigen zu müssen. „Warum heiratet er dich nicht?" „Aber Mama, wir sind doch so gut wie…" „Wollt ihr keine Kinder?" „Später, Mama."

Ich rief im Hotel in Gargellen an, in dem ich, wie jedes Jahr, mein Zimmer vom 27. Dezember bis zum 5. Januar bestellt hatte, und bat, bereits am 23. anreisen zu dürfen. Aber, und das hatte ich insgeheim befürchtet, zu Weihnachten war das Haus ausgebucht. Tut uns leid. Im Januar gerne länger. Ratlos rief ich meine Freundinnen an, aber alle hatten Pläne, in die ich nicht passte. Sie hätten nicht daran gedacht, dass in diesem Jahr das berühmte Gänsebratenessen – „zu dem du uns nie eingeladen hast" – ausfällt. Daran hatte ich auch erst gedacht, als die Leuchtgirlanden über den Straßen schaukelten, Nikoläuse mit ihren Ruten drohten und die Weihnachtsfeiern mit den Kollegen begannen. Die Staatsanwältin wusste, dass Jens mit der Rothaarigen in die Karibik fliegen würde.

Ich arbeitete bis zum letzten Tag, war irgendwann allein im Gericht, bis der Hausmeister kam und erklärte, dass er Feierabend machen wolle – und: „Fröhliche

Weihnachten". Ich trank vom Obstler und schlief schlecht, hatte am Weihnachtsmorgen keine Lust, den Schlafanzug auszuziehen, bereitete mir einen Espresso, stellte das Radio an – Weihnachtsgottesdienst im Berliner Dom – und wieder aus, legte mich ins Bett und zog die Decke über den Kopf.

Als es klingelte, schreckte ich hoch. Verwirrt schaute ich in die frühe Dämmerung, glaubte geträumt zu haben. Aber da klingelte es wieder, lang anhaltend, und ich stand benommen auf, tappte auf bloßen Füßen zur Wohnungstür und sah einen Mann auf dem Display der Sprechanlage. Wieder klingelte es. Auf meine Frage antwortete der Mann, dass er vom Grandhotel komme, um die Weihnachtsgans zu liefern. Meinen überraschten Einwand, dass ich keine Gans bestellt hätte, beantwortete er mit dem Verlesen meines Namens und meiner Adresse und forderte mich auf, endlich die Tür zu öffnen. Der Summer summte, der Mann war im Fahrstuhl unterwegs und ich zog, immer noch schlaftrunken, meinen Morgenmantel an und suchte nach der Geldbörse.

„Ist bezahlt", sagte der Mann, nachdem er den großen Kasten in die Küche getragen hatte, „Gänsebraten mit Rotkraut, Maronen und Kartoffelknödel, alles fix und fertig, zubereitet vom Chef des Hauses. Guten Appetit. Und fröhliche Weihnachten." Sprachlos drückte ich ihm ein Trinkgeld in die Hand und brachte ihn zur Tür. Aber als ich die schließen wollte, hinderte mich ein schwarzer Männerschuh daran. Bernd, der im vergangenen Jahr die

Rothaarige mitgebracht hatte, stand vor mir, in der einen Hand eine rote Amaryllis, in der anderen eine Flasche Champagner. Hinter ihm drängten die anderen mit Taschen und Einkaufstüten in den Flur: Jens' Kollegen aus der Kanzlei, sein Tennispartner und die Segelcrew. „Fröhliche Weihnachten", sagten sie und umarmten mich. „Und nächstes Jahr bei uns."

Arnd Brummer

Alles fertig

Das kann nicht sein! Wolfgang und Marianne stehen in der Küche und schlürfen den ersten Kaffee. Die Kinder schlafen noch. Der Morgen des Heiligen Abends und sie haben nichts mehr zu tun. Es ist alles geputzt. Der Baum ist geschmückt. Die Krippe ist aufgestellt. Der Heringssalat für den Abend zieht im Kühlschrank durch. Alle Einkäufe für die Feiertage sind erledigt. Die Geschenke liegen bereit, um sie nach der Vesper unter dem Christbaum zu deponieren. Die Weihnachtspost ist raus. Niemanden vergessen? Diesmal nicht. Nichts mehr zu bügeln. Wie Weihnachten! Was machen wir jetzt mit dem Tag?

Telefonieren? Mal bei Christel und Andreas anrufen. Entspannte Leute sind das. Im Sommerurlaub haben sie einander kennengelernt. Sie saßen auf der kleinen Terrasse der Ferienwohnung und haben über dies und das geredet. Irgendwie sind sie auf Weihnachten gekommen. „Ich kann gar nicht verstehen, warum die Leute vor Weihnachten immer so in Hektik geraten", hat Christel erzählt. Bei ihnen sei Heiligabend ein ganz harmonischer, ruhiger Tag.

Wolfgang und Marianne haben einander schuldbewusst angesehen. „Warum klappt das bei uns nie?", hat Marianne ihren Mann am Morgen danach gefragt. „Es wird klappen", hat Wolfgang geantwortet und sein entschlossenes Gesicht aufgesetzt, „diesmal machen wir alles anders, mein Liebling." Und tatsächlich haben sie es geschafft. Fertig.

Am anderen Ende der Leitung hört Marianne Christels Stimme. Klingt gar nicht so entspannt wie im Sommer. Klingt so wie ich in den vergangenen Jahren um diese Zeit. „Wir sind ein bisschen unter Druck. Können wir morgen oder übermorgen telefonieren? Olli hat sich im Sport vorgestern die Hand gebrochen. Und Andreas war bis gestern Abend auf Dienstreise. Alles hängt an mir. Tschuldige, irgendwie ist dieses Jahr der Wurm drin. Muss noch putzen. Andreas ist mit den Kindern den Baum holen. Bis dann." Arme Christel.

Der kleine Yannick kommt im Schlafanzug aus seinem Zimmer. „Ist Wibke schon wach?" Nein, die ältere Schwester schläft noch. „Du weckst sie nicht!" – „Okay, wenn ich an den Computer darf." Wolfgang hat eine andere Idee: „Wollen wir nicht zusammen etwas spielen? ‚Siedler' oder ‚Monopoly'?" Yannick reibt sich den Schlaf aus den Augen. „Zusammen spielen? Es ist doch noch so früh am Morgen." So kennt er seine Eltern nicht. Sitzen in der Küche, sind bester Laune. Was für ein seltsamer Tag!

Wolfgang geht erst mal Brötchen holen. Lange Schlange in der Bäckerei. Zwei Frauen hinter ihm atmen hörbar empört. Eine zischt: „Heiligabend mit Aushilfen arbeiten. Unmöglich." Die andere: „Genau. Ich hab' noch so viel zu erledigen." Wolfgang dreht sich um. „Bitte, wenn Sie wollen, können Sie vorrücken." Damit haben die beiden nicht gerechnet. Zunächst verlegen, dann geradezu euphorisiert, nehmen sie sein Angebot an. „Sehr nett, ein Gentleman." – „Dass es so was noch gibt. Schöne Feiertage." Ein Supergefühl, wenn man sich Großzügigkeit leisten kann.

Marianne empfängt ihn mit besorgter Miene. „Dein Bruder hat angerufen." Walter? „Dann muss etwas Schlimmes passiert sein." – „Befürchte ich auch. Du sollst ihn sofort zurückrufen." Macht er. Bille ist dran, sehr streng: „Ja, hallo. Ich gebe dir deinen Bruder." Walter spricht leise, ganz anders als sonst. „Wir werden uns trennen. Kann ich mit Katharina zu euch kommen?" Was ist los? „Bille spinnt rum, weil ich den Wilde-Kerle-Kulturbeutel für Kathi nicht mehr bekommen habe." Im Hintergrund tobt die Schwägerin: „Nicht bekommen! Sei doch ehrlich, du hast ihn vergessen. Vergisst das Geschenk für seine Tochter! Du Egoist. Ich habe dich sooo satt!"

Wolfgang bietet an, bei „Spielwaren Frank" vorbeizuschauen. Walter meint, das nütze jetzt auch nichts mehr. Bille sei schon dabei, ihren Koffer zu packen. Wollte Kathi mitnehmen, zu ihren Eltern. Aber Kathi habe geweint und gefleht, sie wolle Weihnachten mit ihrem Papi verbringen. „Dann bleib' bei deinem sauberen Papi! Der soll

dir erklären, warum du nichts zu Weihnachten kriegst!"
– „Gib mir mal Bille." Wolfgang gelingt es, einen Waffenstillstand auszuhandeln, reicht den Hörer an Marianne
weiter. „Bille, wir haben ein wenig Luft in diesem Jahr.
Kann ich etwas für dich tun?"

Also fährt Marianne schnell rüber. Wolfgang sucht
den Kulturbeutel – wenn ihn Frank nicht hat, gibt's noch
dieses kleine Geschäft an der Kölner Straße. Yannick
darf daddeln und Wibke schläft immer noch.

„Wusste ich's doch, auf Frank ist Verlass", freut sich
Wolfgang und lässt den Kulturbeutel gleich als Geschenk
verpacken, tut noch 'ne CD mit Wilde-Kerle-Songs dazu.
Als er zum Auto geht, klingelt das Handy. Marianne.
„Geht wieder", raunt sie, „kann jetzt nicht sprechen, aber
geht wieder. Du, Schatz, bevor du hierherkommst, schau
doch noch mal bei uns zu Hause auf dem Dachboden in
die Weihnachtskiste. Wir müssten da noch den alten
Christbaumständer haben. Sei so lieb und bring ihn mit.
Der von Walter rinnt."

Wibke steht im Flur. „Wo steckt ihr denn? Dachte, wir
machen heute einen Ruhigen." Wolfgangs Bericht amü-
siert seine 15-Jährige. „Echt?", grinst sie, „die supercoole
Tante Bille. Wer hätte das gedacht. Kommt mir aber
irgendwo bekannt vor. Wolltest du nicht letzte Weihnachten abreisen?" – „Das war vor zwei Jahren, Wibke,
als deine Mutter über den Baum gemeckert hat, den ich
Heiligabend anschleppte. Weißt du, wo ich den alten
Baumständer finde? In der Kiste ist er nicht." Wibke hat

eine schwache Ahnung, dass er im Keller vor sich hin-
gammelt. Sie finden ihn – nach einer halben Stunde.

Marianne steht auf dem Fenstersims im ersten Stock,
als Wolfgang vor der Behausung seines Bruders vorfährt,
und putzt die Scheiben. Sie winkt im fröhlich zu.
Schreck! Nein, sie hält sich am Fensterflügel fest und
schwingt ins Zimmer. Wolfgang rennt ins Haus. Da sitzt
Marianne auf dem Boden und reibt sich den Knöchel.
Bille kommt mit einem Cool Pack. „Nicht schlimm",
stöhnt Marianne, „nur geprellt." Bille nimmt sie in den
Arm: „Jetzt machen wir eine Pause."

Walter schleppt Pötte mit Kaffee herbei. Sie müm-
meln Spekulatius. So nah sind wir uns selten, denkt
Wolfgang, seine Nichte auf den Knien. Als er Wibkes
Kommentar in die Unterhaltung fallen lässt, muss Bille
über das Prädikat „supercool" tatsächlich lachen. Wann
hat er seine Schwägerin zuletzt lachen gesehen? „Und du
wolltest vor zwei Jahren abreisen? Du, der – supercoole
– Wolfi? Na, das tröstet mich aber gewaltig. Dachte
immer, wir sind die Chaoten und ihr seid die heilige
Familie." Nun prustet Marianne los. „So kann man sich
irren. Schätze, wir kennen einander gar nicht."

„Es war ein schöner Abend", sagt Marianne, als sie
um halb eins nach Hause fahren. „War eine tolle Idee von
Bille, zusammen zu feiern." Wolfgang hatte den murren-
den Yannick und die freche Wibke um halb fünf abgeholt.
Und den Heringssalat. Und die wichtigsten Geschenke.
Dann sind sie alle zusammen in die Kirche gegangen.

Haben Bille ihr Solo im Chor singen gehört. „Gar nicht schlecht", lobte Wibke, die ganz andere Musik bevorzugt.

Yannick fand die Aktion nicht so witzig. „Warum haben wir uns in den letzten Tagen so'n Stress gemacht? Hätten wir ja nicht wie die Perversen aufräumen müssen, wenn wir auswärts feiern." Aber auch Yannick war am Ende zufrieden, weil er sein neues Game auf Onkel Walters megateurem Notebook spielen durfte. Hat sogar die kleine Kathi mitspielen lassen, ganz der große Cousin. „Hätte ich nicht für möglich gehalten. Vor einem Jahr hätte er das noch nicht gebracht", meint Marianne.

Als die Kinder im Bett sind, sitzen Marianne und Wolfgang noch auf einen Sekt vor ihrem leuchtenden Baum. „Schlacht geschlagen", murmelt Wolfgang. Seine Frau lächelt, schweigt einen Augenblick und macht: „Mhmm". Wolfgang hebt sein Glas. „Auf dein Wohl, mein Schatz. Zufrieden?" Mariannes dunkle Augen suchen einen Punkt hinter seinem Kopf. „Mhmmm. – Ja. Doch. – Zufrieden." Immer ist Weihnachten anders, als sie es sich vorher ausgedacht haben. Und dennoch war es diesmal so, wie es sein sollte.

Textnachweis

Zsuzsa Bánk, Schwarzwaldsepp
Als gleichnamiges Bilderbuch erschienen
bei der edition chrismon, Frankfurt am Main 2012

Thommie Bayer, Rosen aus Papier
Aus: Arnd Brummer (Hg.),
Weihnachten bei uns zuhaus,
edition chrismon, Frankfurt am Main 2013

Claudia Bender, Ich möchte es heil
Aus: Arnd Brummer (Hg.),
Weihnachten bei uns zuhaus,
edition chrismon, Frankfurt am Main 2013

Arnd Brummer, alle Texte aus:
ders., 24 Geschichten zum Advent,
edition chrismon, Frankfurt am Main 2012

Wiglaf Droste, Das letzte Tabu
Aus: Wiglaf Droste, Nikolaus Heidelbach
und Vincent Klink, „Weihnachten"
© 2007, DuMont Buchverlag Köln

Tanja Dückers, Die Schneeschnitzeljagd
Aus: Brigitta Rambeck (Hg.), Weihnachtsüberraschungen.
Besinnliches und Hintersinniges zum Advent.
Deutscher Taschenbuch Verlag GmbH & Co. KG,
München 1993. © Tanja Dückers

Marlene Faro, In schönster Harmonie?
Aus: Marlene Faro, Die Frau des Weinhändlers. Roman.
Leipzig: Reclam, 1998.
© Marlene Faro

Impressum

Bibliografische Information
der Deutschen Nationalbibliothek
Die Deutsche Nationalbibliothek verzeichnet
diese Publikation in der Deutschen
Nationalbibliografie; detaillierte
bibliografische Daten sind im Internet
über http://dnb.d-nb.de abrufbar.

Gestaltung und Satz: Ellina Hartlaub
Umschlagfoto: halasz+burow/plainpicture

Druck und Bindung: CPI books GmbH, Leck

© Hansisches Druck- und Verlagshaus GmbH,
Frankfurt am Main 2015

ISBN 978-3-86921-286-9